"김정일 패밀리의 생활상은 눈이 휘둥그레질 정도로 놀라운 것이지만 '성역' 바깥에는 끼니조차 해결하지 못하는 사람들이 수두룩했다. '인민이 주인'인 나라라고 선전하지만 그들은 인민과는 거리가 먼 세상에 살고 있다."

– 후지모토 겐지

북한의 후계자

왜

김정은인가?

北の後繼者キムジョンウン
by 藤本健二

ⓒ 藤本健二, 2010

Korean translation copyright 2010 by Maksmedia

북한의 후계자

왜

김정은인가?

후지모토 겐지 지음 / 한유희 옮김

맥스*media*

서문 _한국어 출간에 부쳐

나는 북한에서 김정일과 그 패밀리의 요리사로, 또 왕자들-김정철, 김정은의 놀이 상대로 13년 동안 지냈던 경험을 바탕으로 『북한의 후계자 왜 김정은인가?』를 일본에 이어 한국에서 출간하게 되었습니다.

내가 김정은을 처음 만났을 때, 김정은의 나이는 일곱 살이었습니다. 그런데 첫 만남에서 이 일곱 살짜리 어린 대장은, 마흔 살 어른인 나를 노려보며, 등골에서 식은땀을 흘리게 하였습니다.(이 에피소드는 이번에 출간된 책에 자세히 소개되어 있습니다.) 이때 느꼈던 강한 인상은 나의 뇌리에 깊게 각인되어서 마음속에 '김정은이야말로 언젠가 한 나라의 지도자가 될 만한 범상치 않은 인물'이란 생각을 심어 놓은 것 같습니다. 그래서 나는 『김정일의 요리사』라는 책을 쓸 때부터 일관되게 북한의 후계자로 김정은을 꼽아 왔던 것입니다. 대부분의 사람들(심지어 북한 문제 전문가들까지)은 이런 나의 예측을 무시하고, 심지어 비웃기까지 했습니다. 하지만 나는 한번도 나의 소신을 굽힌 적이 없습니다.

북한처럼 철저하게 외부와 차단되어 사는 나라는 드뭅니다. 세계 역사에서 유례를 찾아볼 수 없는 3대 세습 독재의 실상에 대해서 모두들 고개를 갸우뚱하고 있습니다.

나는 이번 책을 통해 왜 배다른 형 김정남이나, 친형 김정철이 아니라 김정은이 후계자가 되었는지, 내가 직접 겪었던 경험을 통해 한국 독자들의 이해를 돕고자 합니다.

또한 일개 평범한 일본의 요리사였던, 나 후지모토가 어떤 계기로 수수께끼의 땅 북한을 밟게 되었으며, 어떻게 김정일의 요리사가 되었는지, 그리고 왜 북한을 탈출하게 되었는지, 나의 체험담을 있는 그대로 생생하게 풀어놓고자 노력하였습니다.

이 책을 읽고 금단의 땅인 북한의 현실과 특히 북한의 지도자 김정일 그리고 그 가족과 측근들, 후계자의 실상에 대해서 한국 국민들이 조금이나마 알게 된다면 나로서도 보람 있는 일이 될 것입니다.

후지모토 겐지

차례

'Oakley' 선글라스를 쓰는 정철

김정일의 머리카락을 다듬는 고영희

카키색 점퍼, 검소의 상징이 아니다

선글라스는 눈물 감추기 용?

단숨에 마시면 500달러

최고급 코냑을 100병씩 주문

북한술은 거의 마시지 않아

술 없이는 연회석에 못 앉는 장성택

옻 알러지가 있는 김정일

매운 김치는 먹지 않아

북한에서 제일 맛있는 음식은 '쌀'

알몸의 무희들, 절대 만져서는 안돼

디스코 춤과 김연자의 노래를 좋아하다

전화 통화는 모두 도청

북한의 후계자

왜

김정은인가?

후지모토 겐지 지음 / 한유희 옮김

서장

2000년 8월 11일.

원산초대소에서 평양으로 향하는 열차는 오후 11시에 전용 역을 조용히 출발했다.(김정일의 아지트이자 별장인 초대소에 대한 자세한 설명은 제1장 김정일의 고급 아지트, 수십 개의 '초대소' 참조_편집자 주) 나는 내게 배정된 차량에서 느긋하게 잠을 청하며 CD워크맨으로 음악을 듣고 있었다. 바로 전날 제트스키가 끄는 바나나보트를 타고 최고 속도의 순간에 바다로 뛰어드는 장난을 치며 놀았는데, 머리부터 떨어진 일이 잘못되었는지 하루 종일 목이 아파서 견딜 수가 없었다.

열차의 흔들림은 지칠 대로 지친 내 몸을 기분 좋게 풀어 주었다. 그대로 잠에 빠져들고픈 충동에 나는 손수건으로 얼굴을 덮은 채 깜박 졸고 있었다. 열차가 출발한 지 10분 정도 되었을까. 누군가가 객실 문을 여는 기척이 느껴졌다. 눈을 떠 보니 내 앞에 서 있던 사람은 평소답지 않게 심각한 얼굴을 한 김·정·은이었다.

나는 벌떡 일어나 앉아, "무슨 일이십니까?"라고 물었다. 정은은, "아냐, 아냐, 그대로 계속 쉬어."라고 말하며 발길을 돌려 밖으로 나갔다. 갑작스런 일에 놀란 나는 어쩌면 중요한 일일지도 모른다는 생각이 들어 곧바로 따라 나갔다. 정은 대장은 객실 앞 통로에 서 있었다.

"무슨 중요한 이야기라도 있습니까?"라고 내가 묻자, 오락차량을 가리키며 안으로 들어가더니 웨이터를 불러 술을 시켰다.

"후지모토, 내가 생각하기에는⋯⋯."이라는 말로 시작한 이야기가 새벽까지 장장 다섯 시간에 걸쳐서 이어졌다. 정은 대장과의 오랜 '회담'의 시작이었다.

▲ 1980년 10월 10일 조선노동당 창건을 축하하는 전야제에서,
김일성과 김정일

▲ 김정일 국방위원장, 김정은이 2010
년 10월 10일 평양 김일성 광장에서
열린 조선노동당 창건 65주년 기념
야간 공연을 관람하고 있다

김정일 국방위원장, 김정은 ▶

▼ 2010.10.10. 조선노동당 창건 65주년 기념 야간 공연

제1장

정은 대장,
마침내 모습을 드러내다

당시 일곱 살이었던 정은 대장과의 첫 대면
너무나도 의외의 대응에 나는 당혹스러움을 감출 수 없었다

왕자들과의 '알현'

"온 것 같군."

식당의 철판 코너에서 측근들과 식사를 한 후 잡담을 하던 김정일이 예의 그 고음의 목소리로 말했다.

1990년 1월 중순, 14일이나 15일쯤이었다고 생각된다. 김정일과 측근 간부 약 30명, 그리고 나는 황해남도의 신천초대소에 머물고 있었다. 점심 식사를 마치고 나서 현관에서 자동차 문이 닫히는 소리가 났을 때였다.

"지금부터 우리 아이들을 여러분에게 소개하도록 하겠다. 복도로 나가자."

김정일의 말을 들은 간부들 사이에서 한순간 가벼운 동요가 일었다. 김정일의 자녀들이 그곳으로 온다는 사실을 간부들에게 알리지 않은 듯해 보였다. 내 추측으로는 그 사실을 미리 알고 있었던 사람은 김정일의 여동생 김경희의 남편이자 최측근인 장성택 한 사람 정도인 것 같았다.

초대소란 북한의 곳곳에 있는, 일반인들부터 격리된 조선노동당과 정부 관계 기관의 특별 시설을 가리키는 말이다. 고 김일성과 김정일의 '별장'으로 사용되는 시설도 그렇게 불리고 있다. 내가 실제로 가본 초대소만 해도 북한 내에 수십 개 소에 이르며, 그곳 모두가 도쿄돔이 몇 개 이상 들어갈 만한 광활한 부지 안에 커다란 홀과 김 위원장 전용 동(棟), 간부 동, 내빈용 숙박 동 외에 스포츠 시설이나 오락 시설이 있는 구조로 되어 있었다.

평양에서 비교적 가까운 신천초대소는 여러 층의 동들이 흩어져 있는 다른 초대소와는 달리 독채 형태 2층 건물의 동이 여러 곳에 흩어져 있었다.

김정일의 말이 떨어지기가 무섭게 측근들과 내가 뒤를 따랐다. 식당 옆에 있는 로비 겸 오락실의 당구대 옆에는 어린 남자아이 두 명이 서 있었다. 그들이 바로 형 정철과 동생 정은이었다. 그 두 사람은 군복 차림으로 김정일을 보자 마치 군인처럼 부동자세로 최고의 예를 갖춘 경례를 하며 맞았다.

나중에 알게 된 사실이지만 그때 정철이 만 9세, 정은이 만 7세였다. 일본이라면 초등학교 저학년과 중학년에 해당하는 나이의 왕자들이 군복을 입고 정중하게 경례하는 일이 없는데 그런 그들의 모습이 나에게는 조금 생소했으며 이상하게 느껴졌다.

일식 요리사였던 나는 1982년에 도쿄(東京)의 이타바시(板橋)에 있는 일본 조리사협회를 통해 '월급 50만 엔'이라는 당시로서는 파격적인 대우에 이끌려 아무런 전후 사정도 모른 채 북한으로 건너갔다. 그리하여 나는 평양 중심부에 있는 레스토랑 '안산관(安山館)'의 요리사로 일하게 되었고, 2개월 정도 지났을 때 김정일의 별장에서 열리는 연회에서 생선 초밥을 만들라는 명령을 받았다. 이때 김정일은 내가 만든 생선 초밥을 무척 마음에 들어 해서 그 후로 일주일에서 열흘에 한 번 꼴로 불려가게 되었고, 마침내 전속 요리사로 일하게 되었다.

1988년경부터는 김정일이 바카라 도박 등으로 측근들과 저녁 파티를 할 때에도 초대받게 되었다. 2001년 북한을 완전히 '탈출' 할 때까지 총 13년에 걸쳐 '김정일의 요리사'로서 비밀의 장막에 싸인 북한의 중추부에서 생활했다.

김정일의 전속 요리사가 되고 나서 나는 김정일이 가장 아끼는 부인 고영희를 만날 기회가 늘었고, 그 사이에서 태어난 아이들이 있다는 사실을 어렴풋이 알고 있었다. 그러나 그때까지 실제로 만난 적은 없었다. 나뿐만 아니라 김정일 앞에 서 있던 측근들조차도 김정일의 자녀들을 직접 본 것은 그때가 처음이었다.

당시는 아직 김정일의 아버지인 김일성 주석이 건재하던 시절이었다. 따라서 일본이나 한국에서 김일성의 후계 체제에 대해서 소문은 있었다. 하지만 김정일의 후계자 문제가 화제가 되는 일은 없었다. 두 명의 왕자를 대면하면서 나 자신조차도 그런 일은 조금도 생각해 본 적이 없었다.

그러나 북한 간부들의 입장에서 보면 김정일이 김일성 주석의 뒤를 이어 북한의 수장이 되었을 때 말 그대로 '왕자(후계자 후보)'가 될 자녀들과의 첫 대면이었고, '알현 의식'에 다름 아니었던 것이다. 그 자리에 일본인인 내가 참석했다는 사실은 지금 돌이켜 보아도 믿기 힘든 일이다.

나를 험악하게 노려보던 김정은

먼저 김정일로부터 두 왕자의 소개가 있었고, 정렬한 최고 간부부터 차례로 왕자들과 악수하기 시작했다.

"처음 뵙겠습니다." 간부들은 정철 왕자, 정은 왕자 앞으로 차례로 나가 공손하게 손을 내밀었고, 왕자들도 손을 내밀어 악수에 응했다. 당시의 조선노동당이나 정부의 최고 간부인 허담, 장성택, 김용순, 김기남, 권희경 등이 있었다. 왕자들 뒤에는 주변 사람들로부터 '사모님'이라 불리는 김정일의 부인 고영희가 밝은 표정으로 함께하고 있었다.

나는 대열의 가장 끝에 서 있었는데, 그들이 점차 다가오자 심장 뛰는 소리가 마구 커지고 있었다. 자, 드디어 내 차례다.

제일 먼저 정철 왕자에게 손을 내밀었더니 왕자는 곧바로 손을 내밀어 주었다. 내가 조금 힘을 주어 악수를 하자 정철 왕자도 내 손을 꽉 쥐며 악수해 주었다.

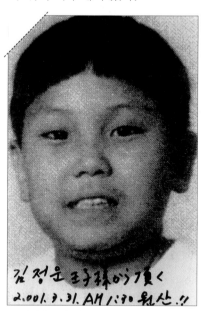

▲ 김정은 9살 때 모습

한숨을 돌리고 난 다음 정은 왕자에게 손을 내밀었다. 그런데 예상치 못한 일이 벌어졌다. 정은 왕자는 손을 내밀 생각도 하지 않은 채 나를 험악하게 노려보고 있는 것이 아닌가! 일곱 살짜리 아이가 마흔 살 어른인 나를 향해 쏘아보듯 날카로운 눈빛을 건네고 있었던 것이다. 정은 왕자한테 악수를 거절당한 나는 당황스러웠다. 그 부자연스러운 몇 초간이 나에게는 5분처럼 길게 느껴졌다.

그때 내게 구원의 손길을 내민 것은 김정일이었다.

"자, 후지모토 씨야."

그 말을 듣자 정은 왕자는 비로소 손을 내밀었다. 내가 가볍게 힘을 주어 악수를 했으나 정은은 나처럼 힘주어 악수를 해 주지는 않았다.

이날의 '알현' 전에 이미 이 두 왕자들은 내가 만든 생선 초밥을 여러 차례 먹었을 터였다. 실제 나는 김정일 패밀리를 위해 고추냉이를 뺀 생선 초밥을 큰 접시 한가득 만든 적이 여러 번 있었다. 왕자들이 그 생선 초밥을 먹을 때 적어도 김정일은 "일본에서 온 후지모토라는 요리사가 만든 스시다."라는 말을 했을 것이다. 그래서 김정일이 "후지모토 씨야."라고 말하며 정은에게 악수를 종용한 것이 아닐까.

그러나 어쩌면 정은의 입장에서는 '이 녀석이 그 증오스런 일본제국의 족속인가?'라고 생각했을 수 있을 것이다. 북한에서는 식민지 지배를 했던 일본에 대해서 지금까지도 적대적인 교육을 하고 있다. 정은도 분명히 그런 교육을 받았을 것이다.

이 '알현'이 끝난 후에도 정은의 노려보는 듯한 눈초리가 계속 머릿속에서 떠나지 않았다.

"어떤가, 내 아이들은?"

두 왕자들이 부인 고영희와 함께 돌아간 후 자랑스럽게 묻는 김정일에게 간부들은 뒤질 새라 칭찬 일색의 말들을 늘어놓았다.

"아, 정말 멋진 왕자님들이십니다."

"이대로만 잘 자라주신다면 좋겠습니다."

그런 간부들의 모습을 곁눈질하며 나는 정은이 유독 나한테만 다른 눈길을 보냈다는 사실에 씁쓸함을 지울 수 없었다.

왕자들의 '놀이 상대'로 지명되다

어릴 적 두 왕자들은 형인 정철이 '큰 대장', 동생인 정은이 '작은 대장'으로 불리었다. 그 예를 따라 지금부터 나는 그들을 '정철 대장', '정은 대장'이라고 부르기로 하겠다.

정은 대장을 두 번째로 만난 것은 그로부터 일주일 정도 뒤였다.

"장군님이 부르십니다."

급하게 나를 데리러 온 운전기사에게 이끌려 차를 타고 신천초대소 내의 관저로 갔더니, 관저 안의 어마어마하게 넓은 정원에서 왕자들이 김정일과 부인 고영희, 그리고 여수행원들, 운전기사, 영화기사들과 연을 날리고 있었다.

그런데 왕자들이 날리던 연은 날아오르기도 전에 빙그르르 돌면서 떨어졌다. 자세히 보니 '다리'가 달리지 않았다. 그래서 내가 큰 모조지와 테이프를 가지고 오라고 해서 두 개의 긴 다리를 만들어서 붙였다. 단번에 연은 초대소의 하늘 높이 날아올랐다. 정은 대장과 정철 대장은 기뻐하며 하늘을 올려다보고 있었다.

"잘됐구나. 후지모토 씨 덕분에 연이 떴어."

고영희가 말하자 정은 대장은 "네."하고 들뜬 목소리로 대답했다. 그때 정은 대장의 웃는 얼굴을 잊을 수 없다. '알현' 때에 나를 노려보았던 일이 거짓말처럼 느껴졌다. 정은 대장과 조금은 마음이 통한 것 같아 나는 기뻤다.

그리고 나서 한 달쯤 지난 어느 날 김정일로부터 생각하지도 못했던 지시가 내려졌다.

"아이들의 놀이 상대가 되어 줘."

왕자들은 초등학교 과정을 관저 내의 전속 가정교사에게 배우고 있었다. 일반 초등학교에 보내는 것은 위험이 따르기 때문에 김정일이 주저했을 것이다. 그래서 왕자들은 학교 친구가 없었다. 두 왕자들은 놀 때도 늘 함께였으며 왕자들이 '이모님'이라 부르는 고영희 여동생의 장남이 함께할 때가 많았다. 정은 대장과 비슷한 또래였기 때문이다. 또 선발된 듯한 10대의 미소녀가 두 명씩 수행 겸 놀이 상대로 따라붙었다.

그런데 하필이면 언어도 통하지 않고 나이도 한참 차이 나는 일본인인 내가 '놀이 상대'로 지명된 것은 도대체 무슨 일이란 말인가! 물론 그 지시를 거부한다는 것은 생각할 수도 없는 일이었다.

어쩌면 며칠 전 연 날리기를 할 때 내게 관심을 가진 왕자들이 "누구랑 놀고 싶니?"라고 김정일이 물었을 때, "후지모토와 놀고 싶어요."라고 대답한 것이 아닐까 추측해 본다. 왕자들의 마음에 들지 않았다면 놀이 상대로 선발되지 않았을 것이다. 내가 이방인이기 때문에 왕자들이 흥미를 가졌을 수도 있다. 같은 북한 사람보다는 재미있을 거라고 생각했을 수도 있다.

나는 그때 마흔 살이 넘었지만, 김정일의 주변에 있는 측근들은 그 이상의 고령이었기 때문에 연령상 내가 왕자들과 제일 가까웠다. 측근 중에는 장군의 매제인 장성택만이 비교적 젊은 편으로 나보다 한 살 위였지만, 업무가 바빠서 매일 왕자들의 놀이 상대를 하고 있을 여유는 없어 보였다. 설령 다른 측근들이 업무 중에 짬을 내어 놀아 준다 해도 왕자들 앞에서 너무 긴장한 나머지 진지하게 대응할 수밖에 없어 왕자들은 재미를 못 느꼈을 것이다.

죽마(竹馬)와 철(鐵)팽이 놀이도

그 후로 어린 정철 대장, 정은 대장과 자주 어울려 놀게 되면서 우리는 급속도로 친해졌다. 특히 정은 대장은 내가 놀이 상대로 지목받게 되자 첫 대면 때와는 전혀 다른 태도로 나를 대해서 친하게 지낼 수 있게 되었다.

왕자들이 평소에 하는 놀이는 주로 관저 안에서 술래잡기나 고무줄놀이, 또 종이비행기를 만들어 함께 날리기 등으로 일본 아이들이 노는 모습과 크게 다르지 않았다. 물론 북한식 주사위 놀이라고 할 수 있는 윷놀이 같은 북한 놀이도 즐겼다.

그밖에도 북한에 없는 캔 차기나 '베고마' 라 불리는 철팽이와 죽마 놀이를 내가 가르쳐 주기도 했다. 이 모든 놀이들을 왕자들은 무척 재미있어 했다. 죽마는 김정일 패밀리를 돌보는 수행 서기과에 부탁해서 만들었는데, 처음에는 10센티미터 정도부터 시작해서 조금씩 높여 나갔다. 두 왕자들은 운동 신경이 좋아서 마침내 50~60센티미터의 높이까지 올려서 탈 수 있게 되었다.

두 왕자는 롤러스케이트와 롤러블레이드도 좋아했다. 평양 교외의

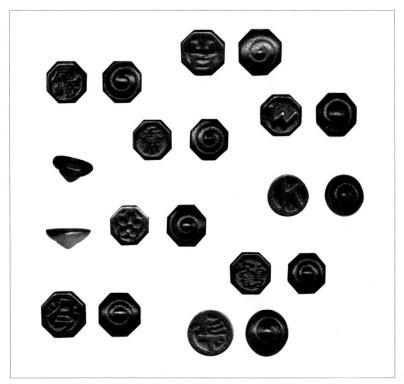

▲ 철팽이

강동(32호)초대소에는 볼링장(5레인), 파친코 10대, 25미터 길이의 풀장 외에도 둘레가 500미터나 되는 롤러스케이트장도 있어 그곳에서 자주 어울려 놀았다.

　1992년 5월이었던가. 햇살 좋은 어느 봄날, 몸을 간질이는 산들바람이 부는 오후에 정은 대장과 정철 대장, 여수행원 네 명과 나는 500미터 둘레의 롤러스케이트장을 돌며 놀았다. 네다섯 바퀴를 돌자 나는 다리가 너무 아파 견딜 수가 없었다. 반면에 전혀 숨찬 기색도 없이 씩씩하게 노는 두 왕자들을 보면서 '내가 나이가 많이 들었구나.'라는 사실을 절실하게 느꼈다. 게다가 여수행원들도 왕자들을 따라잡지 못해 한 바퀴나 뒤처진 데다 다리에 힘이 빠져서 넘어지기 일쑤였다.

32호초대소에서는 두 왕자에게 볼링을 가르치기도 했다. 두 왕자는 볼링공 던지는 방법은 물론 점수 계산법도 몰랐기 때문에 스트라이크나 스페어 처리 때 점수를 계산하는 방법 등을 가르쳤다. 초대소의 볼링장에는 점수표가 없어서 나는 A4 용지에 선을 그어 점수표를 만드는 일부터 시작했다.

참고로 정은 대장은 열 살경부터 겨울을 제외하고는 항상 폴로셔츠에 반바지 차림을 했다. 열 살 이후부터는 어쩐 일인지 폴로셔츠를 입지 않았고, 목이 둥글게 파인 라운드 티셔츠에 긴 바지 차림을 많이 했다. 화려한 색상은 거의 입지 않았다. 항상 검은색이나 흰색 티셔츠를 입었으며 바지는 검은색이나 감색을 주로 입었다.

일본 만화와 게임에 열중하는 왕자들

두 왕자들은 보통의 북한 사람들은 절대로 구할 수 없는 일본 만화와 비디오 게임을 갖고 있었다. 만화는 정은 대장의 경우 축구를 소재로 한 작품을 좋아했던 것으로 기억한다. 비디오 게임은 당시 일본에서도 유행하고 있던 '수퍼마리오', '테트리스' 등에 푹 빠져 있었고 나도 자주 함께 즐겼다.

원산초대소에 있는 영화관(김정일 패밀리와 측근들이 영화를 감상하기 위해 만든 전용 영화관) 안에는 일본의 게임센터에서나 볼 수 있는 게임기가 10종류 정도 놓여 있었는데 모두 일제였다. 위에서 내려온 둥근 가죽 주머니를 두드려서 득점을 하는 복싱게임, 여러 계급으로 나뉜 팔씨름 게임 외에도 두더지 때리기, F1 자동차 레이스 등의 게임기도 있었다. 당시 일본의 게임센터에 있는 대표적인 게임들이 모두 갖춰져 있었다고 해도 과언이 아니다. 온갖 놀이도구가 왕자들에게 준비되어 있었다. 로열 패밀리가 사는 '성역' 안에는 참으로 없는 것이 없었다.

자기 그림들을 상자에 보관

어린 시절의 정철 대장은 게임에 열중했지만 정은 대장은 혼자서 그림 그리는 것도 좋아했다. A4 용지에 여러 가지 그림을 그리면서 놀던 정은 대장이 어느 날 평양의 '주체사상탑'을 그리면서 내게 이렇게 물어온 적이 있다.

"후지모토, 일본에도 높은 탑이 있지?"

말이 끝나기 무섭게 나는 대답했다.

"있고말고요. 도쿄 타워라는 333미터 높이의 탑이 있답니다."

정은 대장은 내게 도쿄 타워를 그려 보라고 주문했고 나는 자세하게 그려 주었다. 그 그림을 보더니 정은 대장은 "멋있다!" 하며 소리쳤다.

그리고 나서 정은 대장은 자기가 그린 그림들을 보관해 놓는 상자에 내가 그린 도쿄 타워 그림을 소중하게 넣어 두었다. 그 후에도 계속 상자 안에 소중히 보관되어 있는 그림을 보고 나는 무척 기뻤다.

참고로 정은 대장은 어릴 적부터 나를 부를 때 경칭을 붙이지 않은 채 '후지모토'라 불렀고, 형인 정철 대장은 '후지모토 씨'라고 경칭을 붙여서 불렀다.

정말 '메구미'가 왕자들의 교육 담당자였을까?

앞에서 나는 왕자들에게 전속 가정교사가 있다고 썼는데, 누가 교육을 담당하고 있었는지는 끝까지 알 길이 없었다. 북한이라는 나라는 조금이라도 이상한 행동을 하면 스파이로 의심받아서 생명의 위협을 받게 된다. 특히 김정일 패밀리에 대해서 자세히 질문이라도 할라치면, "왜 그런 것을 알려고 하는가?"라며 수상쩍게 생각해서 나중에 어떤 불이익을 당할지 모른다. 따라서 패밀리나 측근, 수행원들이 직접 이야기해 준 사실을 토대로 추측하는 수밖에 도리가 없다.

내가 일본으로 돌아온 후에 들은 사실이지만, '니가타(新潟)에서 납치당한 요코다(横田) 메구미가 김정일 패밀리의 가정교

▲ 1977년 4월경, 메구미 납치 직전 모습

사를 했던 것이 아니었나.'라는 설이 있다. 왕자들은 어릴 적부터 누군가에게 한문을 배우고 있었다. "오하요", "곤니치와", "곤방와" 등 간단한 일본어 인사말을, 나를 만나기 전부터 알고 있었다. 아침이나 저녁에도 "안녕하십니까?"라는 인사말 하나로 통하는 북한말과 달리, "일본어에는 인사말이 세 가지나 있네."라며 정은 대장이 의아해하며 하던 말을 기억하고 있다.

왕자들에게 외국어 교육을 담당하는 사람은 그에 상응하는 어학 실력을 갖추고 있어야 한다는 것은 두말할 나위도 없다. 그렇다면 일본어 교육 담당자가 경우에 따라서는 일본어를 모국어로 하는 사람이었다고 해도 이상한 일은 아닐 것이다.

또 한 가지 인상에 남은 일이 있는데, 정은 대장이 일곱이나 여덟 살 때쯤 함께 원산초대소 안에 있는 영화관에 갔던 적이 있었다. 동행했던 두 여자아이들에게 정은 대장은, "일본 노래를 불러 봐. 후지모토에게 맞는지 확인해 보게."라며 재촉했다. 그랬더니 그 중 한 여자아이가 부른 노래가 놀랍게도 일본 동요 '빨간 구두'였다.

"빨간 구두 신은 소녀를 외국인이 데려가 버렸네. 요코하마 부둣가에서 배를 태워 데려가 버렸네."라는 가사를 담은 일본의 유명한 동요이다. 그밖에도 새끼 까마귀를 그리워하며 울고 있는 어미 까마귀의 심정을 노래한 '일곱 아이들'이라는 노래도 불렀다.

이 아이들에게 일본 노래를 가르친 정은 대장의 교육 담당자가 만약 메구미라고 가정한다면, 누군가가 그곳으로부터 자신을 구해주기를 바라는 마음을 '빨간 구두'나 '일곱 아이들'이라는 노래에 담아서 가르친 것이 아닐까. 충분히 있을 수 있는 이야기다.

다음 장에서 언급하겠지만, 두 왕자의 어머니인 고영희는 재일교포 출신으로 일본에서 북한으로 건너간 사람이다. 그러나 부인은 내 앞에서 일절 일본어를 사용하지 않았고, 일본에 살다가 귀국했다는 사실을 한 번도 자기 입으로 말한 적이 없었다. 그래서 고영희가 자기 아이들이나 수행하는 여자아이들에게 일부러 일본 노래를 가르쳤다고는 생각할 수 없는 것이다.

유감스러운 것은 내가 북한에 있었을 당시에는 일본인 납치사건이 널리 보도되지 않아서 그 사실을 전혀 몰랐다는 것이다. 내가 그 사실을 알게 된 것은 2001년에 일본으로 영구 귀국한 뒤였다. 만약 다소나마 납치사건에 대한 지식이 있었더라면 그들과 함께 지내면서 왕자들에게, "가정교사 선생님은 남잡니까, 여잡니까?"라거나 "한문을 가르치는 사람은 어느 나라 사람입니까?"라는 정도로 조심스럽게 물어볼 수 있었을 터인데……. 그 생각만 하면 분통이 터진다.

NBA 선수들의 등번호를 붙인 농구광들

가정교사로부터 가르침을 받았던 두 왕자는 10대 중학생 정도의 나이가 되자 모두 스위스로 유학을 갔다. 형인 정철 대장이 언제 어디로 유학을 갔는지 북한에 있을 때는 알지 못했지만, 일본으로 귀국한 후에 스위스의 국제학교에 들어간 사실을 알게 되었다.(정철의 유학 시기는 1993년부터 1997년이나 1998년경으로 추정된다.)

한편 정은 대장에 대해서도 어디로 유학을 갔는지 본인이 이야기하지 않았기 때문에 알 수가 없었는데, 작년에 일본의 한 매체에서 스위스 베른의 한 공립중학교에서 유학을 했었다고 보도한 바 있다.

〈요미우리신문(讀賣新聞)〉은 2009년 6월 정은 대장의 스위스 유학 시기에 대해, "수도 베른의 공립중학교에 1998년 8월부터 2000년 가을 경까지 적을 두고 있었다."고 보도했다. 정은 대장은 현지에서 '박은'으로 불렸던 것으로 보인다. 중학교에 입학하기 전에는 현지어인 독일어를 배우기 위해 근처의 초등학교에서 6학년을 다녔고, 외국인을 위한 보충 수업을 받았다고 한다.

또 〈마이니치신문(每日新聞)〉의 2009년 6월의 보도에 따르면, 정은 대장은 1996년 여름부터 2001년 1월까지 베른에서 체류했다고 한다. 처음에는 형인 정철 대장이 유학중이던, 왕족 자제들이 많이 다니는 베른 국제학교에 입학했지만 몇 개월 후 그 학교를 그만두고 집 근처의 공립중학교로 전학한 것으로 보인다. 인접한 초등학교에서 독일어의 보충수업을 받은 후 1998년 8월부터 중학교 7학년으로 편입해서 9학년이 되던 2000년 말경에 학교를 그만둔 것으로 보인다.

유학 시절은, 내가 아는 한, 열세 살이 되던 1996년 9월경부터 2000년까지로 추정된다. 왜냐하면 1996년 9월에 내가 일본으로 식재료 구입을 하러 가기 전날, 정은 대장의 팀과 처음으로 농구 토너먼트 시합을 했던 것을 지금도 선명하게 기억하고 있기 때문이다. 그때까지 정은 대장과는 북한 내에서 자주 만나고 있었기 때문에 유학을 위해 스위스에 장기 체류를 시작한 것은 아마도 9월 이후였을 가능성이 크다.

그런데 왕자들이 농구를 시작한 것은 정은 대장이 유학하기 얼마 전인 1996년 1월부터였다. 초대소의 직원, 초대소 소속의 '기쁨조(김정일과 간부들 앞에서 춤이나 예능을 선보이는 여성, 또는 남성들)' 멤버와 경비 담당 군인 등이 팀을 나눠 초대소의 체육관 등에서 시합을 하게 되었다. 정철 대장과 정은 대장은 곧바로 농구의 매력에 빠져드는 것 같았다. 내가 김정일 패밀리와 함께 점심 식사를 할 때에도 정은 대장은 식사가 끝난 지 5분도 되지 않았는데 농구를 하러 자리에서 일어나려 했다. 그러자 어머니인 고영희로부터, "조금만 더 앉아 있거라."라며 꾸중을 들었다. 다시 고쳐 앉는 시늉을 했지만 정은 대장은 5분 정도 지나자, "형, 가자."라며 정철 대장을 끌고 밖으로 나가 버렸다.

▲ 스위스 베른 공립중학교 유학시절의 김정은

처음에는 왕자들은 물론 수행원들도 농구의 정식 규칙을 몰랐고, 심판을 보던 나조차도 자세한 규칙을 알지 못했다. 그래서 김정일의 명령으로 일본에 식재료를 구매하러 가게 되면 그때 농구 규칙에 관한 규정집을 사와야겠다고 생각했다. 물론 드리블을 해야 한다는 것 정도는 모두가 알고 있었지만, 기쁨조 여성들은 상관하지 않고 드리블을 하지 않은 채 공을 패스하기 때문에 마치 럭비를 하는 것 같았다. 그 모습이 너무나 우스워 경기를 지켜보던 모든 남자들이 한바탕 웃었던 기억이 난다.

하지만 나는 1996년 일본에 농구 규정집과 식재료를 사러갔다가 경시청에 체포되고 말았다. 혐의는 출입국관리 및 난민인정법 위반이었다. 그 후 나는 오키나와에서 경시청의 보호 관리 하에 생활을 했다. 그러나 나의 북한에 대한 사모의 정은 너무나도 커서 억누를 길이 없었다. 그래서 결과적으로는 경시청의 형사를 배신한 셈이 되었지만 보호 해제에 사인을 하고, 나는 1998년 6월 9일에 다시 북한의 평양 순안공항에 서게 되었다. 1년 9개월만의 일이었다. 얼마 뒤 나를 데리고 어딘가로 갔을 때 무엇을 보여주려고 하는지 내심 기대했지만, 설마 본격적인 농구 전용 체육관을 만들었으리라고는 꿈에도 상상하지 못했다. 제3연회장에 인접한 그 시설은 한마디로 멋있었다. 단 2년 만에 그렇게 변할 수 있다는 것이 놀라웠다.

김정일은 "골부터 뭐까지 NBA가 사용하고 있는 것과 모두 똑같다."라며 자랑했다. 그러나 기구에 붙어 있는 라벨에는 일본어 설명이 써 있었다. 그것은 만경봉호로 운반된 것이 틀림없었다.

왕자들이 농구 복장으로 갈아입고 코트로 나왔을 때의 모습은 농구 선수의 모습 그 자체였다. 불과 2년 동안 왕자들은 키도 컸고 몸에 근육도 붙어서 전과는 비교할 수 없을 만큼 변해 있었다.

등번호는 정철 왕자가 24번이고 정은 왕자는 30번이었던 것으로 기억한다. 두 왕자 모두 자신이 좋아하는 NBA 선수들의 등번호를 딴 것일까?

그리고 더욱 놀랐던 것은 경기의 심판도 국가대표 팀의 심판을 불러왔다. 조금 전에 내가 김정일에게 규정집을 사왔다고 말한 것이 너무나도 부끄러워 나는 어쩔 줄을 몰랐다.

하지만 나는 거기서 주눅 들지는 않았다. 나에게도 비장의 무기가 있었다. 당시 전 세계에서 선망의 대상이던 나이키의 에어맥스 신발을 신고 있었던 것이다. 그것을 왕자들이 보았다.

"그거, 진짜야?"

"저는 복제품 같은 것은 신지 않습니다."

라고 대답하자 왕자들뿐만 아니라 다른 농구 선수들이 진심으로 부러워하는 기색이었다.

이 날은 여성 팀의 시합이 열리고 있었다. 전반전이 끝나고 나자 김정일이,

"후지모토, 후반은 네가 심판을 볼래?"라고 물어 와서 나는, "아닙니다."라고 대답하며 한사코 거절했다.

북한의 농구 팀은 남성 국가대표 팀 한 조와 왕자들과 경기하는 A, B팀 두 조, 여성 국가대표 팀이 한 조, 여성 국가대표 B팀이 두 조

로 모두 6팀이 있다. 그래서 1년에 두 번, 스위스의 농구 팀을 초청해서 국제 시합을 벌이면서 수준 향상을 꾀하였다.

남성 국가대표 팀은 2미터 43센티미터의 장신 이명훈 선수가 있는데, 움직임이 빠르지 않아 전력 면에서는 크게 신뢰할 수 없다. 원산초대소의 농구장에서 이 선수와 내가 찍은 기념사진 셔터를 정은 왕자가 눌러주었다.

이렇게 찍은 사진들을 지금 갖고 있지 않은 것이 못내 아쉽다.

원산초대소에는 농구 전용체육관이 두 곳, 묘향산 초대소에도 두 곳, 창성초대소에는 한 곳이 있다. 또 평양 시내에도 체육관이 한 곳 있다. 스위스 팀이 북한에 왔을 때는 이 체육관에서 국제시합이 열린다. 또 72호초대소에도 농구 코트가 한 곳 있었고, 22호초대소에도 한 곳 있었던 것으로 기억한다. 다른 곳에는 현재로는 없는 것으로 알고 있다.

김정일은 이렇게 각 초대소에서 거의 매일처럼 왕자들이 농구 경기하는 모습을 지켜보곤 했다.

두 왕자들은 만능 스포츠맨으로 고영희의 말에 따르면 스위스에 있을 때 스키장에도 자주 갔었다고 한다. 어느 날 원산초대소에서 고영희가 스위스의 스키장에서 있었던 이야기를 꺼내면서 이런 말을 했다.

"큰 오빠(정철)는 스키를 잘 타서 내 앞에서 멋들어지게 멈추어 서는 모습을 보여주곤 해요. 작은 오빠(정은)는 스노보드를 정말 잘 타고."

스위스 유학 중에도 자주 귀국했던 두 왕자들

두 왕자들은 스위스 유학중에도 북한의 경축일이나 특히 김정일의 생일(2월 16일), 김일성의 생일인 '태양절(4월 15일)', 북한의 건국 기념일(9월 9일), 조선노동당 창당일(10월 10일) 등의 중요한 기념일에는 반드시 귀국했다. 일단 귀국하면 2개월 가까이 북한에 체류하는 일도 종종 있었다.

▲ 원산항

▲ 해양 스포츠를 즐길 수 있는 수려한 풍광의 원산초대소
중앙 약간 오른쪽에 있는 높은 건물이 김정일의 저택

그래서 왕자들이 귀국했을 때에도 자주 농구를 했다. 또 동해에 접해 있는 원산초대소에 가서 수영과 요트, 제트스키, 바나나보트 등 해양 스포츠를 즐기기도 했다.

원산초대소에는 거대한 이동식 풀이 있었다. 50미터의 풀을 배 안에 설치하여 총 길이 80미터에 이르는 이 거대한 시설은 원산초대소 부두에 정박하는 형태였다. 풀에는 10미터 정도의 워터 슬라이더가 두 대 있었다. 크루즈로 예인해서 몇 시간에 걸쳐 북쪽 연안에 있는 함흥(72호) 초대소까지 끌고 갈 수도 있는 놀랍도록 호화로운 시설이었다.

이런 초대소 시설이나 김정일 패밀리의 생활상은 풍요로운 나라 일본에서 온 나조차도 눈이 휘둥그레질 정도로 놀라웠다. 그러나 그들의 '성역' 바깥으로 한 걸음만 나가면 그 날의 끼니조차 해결하지 못하는 사람들이 수두룩했다. 북한은 지금도 '인민이 주인'인 나라라고 선전하고 있지만, 김정일 일가나 측근들은 인민들과는 너무나 거리가 먼 다른 세상에 살고 있다.

김정일의 고급 아지트, 수십 개의 '초대소'

북한에는 다양한 성격의 초대소가 존재하고 있다. 대부분의 납치 피해자들도 초대소에서 머물렀다고 증언하고 있다. 그런데 13년간 내가 김정일과 지낸 여러 곳의 초대소에는 납치 피해자가 있을 만한 공간은 눈에 띄지 않았다. 납치된 일본인을 본 적도 없었다. 그렇다면 납치 피해자 전용 초대소가 따로 있다는 것이 타당할 것이다.

한편으로는 김정일의 자식들이 초대소 안에서 일본어 공부를 하기도 한다.

그러나 나에게 초대소란 김정일의 아지트라고 말할 수 있다. 그것도 지극히 고급스러운 아지트.

북한에 수십 개가 있다는 초대소는 김정일 패밀리가 수도 평양의 김정일 저택과 같은 수준의 쾌적한 생활이 가능하도록 만들어져 있다. 믿기 힘들겠지만 김정일이 평양에 머무는 날 수는 연간 불과 60일 정도밖에 되지 않는다. 나머지 300일은 초대소 이곳저곳을 이동하면서 생활한다.

김정일이 자주 초대소를 옮기는 것은 위험으로부터 신변을 지키기 위한 것이다. 자신이 거처하는 곳을 정찰위성에 들키지 않으려는 이른바 자위행동(自衛行動)이다.

김정일 패밀리를 수행하는 것은 직속 부하, 부관, 비서반뿐 아니라 의료반, 요리반 등이 팀이 되어 이동한다. 많을 때는 수행원이 100명을 넘기도 한다.

팀에 막 합류했을 때 나는 멍청하게도 초대소에서 평양에 있는 아내에게 전화를 걸었다가 한 간부한테, "이 바보야, 어디서 전파를 탐지할지 모르잖아. 장군님이 계시는 곳을 적에게 알려 주는 흉내 따위 내지 마!"라며 호된 질책을 받았다. 간부들이 이처럼 신경이 곤두서는 것도 어쩌면 당연한 일인지도 모르겠다.

1992~1993년경까지는 간부가 타는 차에 무선전화기가 달려 있었다. 그런데 한 간부의 차가 논바닥에 굴러 전복되었을 때 무선전화기가 사라지고 나서부터 무선전화 사용이 중지되었다.

그 후 김정일이 타고 가던 차 앞뒤를 트럭이 막아서서 샌드위치가 될 뻔한 사고가 있었다. 이것이 암살미수 사건이었는지는 알 수 없지만, 그를 계기로 김정일은 운전석에 권총을 놓게 되었다고 한다. 그 사건도 사실 김정일이 직접 회식 자리에서 말해서 알게 된 것이다.

초대소의 그 외 기능은 해외 요인(要人)들을 초대하는 장소라는 것이다. 예를 들면, 김대중 대통령이 방북하기 직전에 현대그룹의 정주영 회장이 선도자 역할로 북한을 방문했을 때 찾은 곳은 초대소 중에서도 최상급인 원산초대소였다. 그곳에서 김 대통령의 방북에 앞선 교섭이 진행되었다는 것을 짐작하는 것은 어렵지 않다. 원산초대소는 한국의 정·재계를 뒤흔들었던 북한 현금 지원 사건과 수백 마리소 현물 지원의 무대가 되었다.

▲ 정주영 일가와 김정일

내가 실제로 김정일과 동행한 초대소는 수십 개 정도인데 그것은 전체의 몇 분의 일, 혹은 몇 십분의 일에 지나지 않을지도 모른다. 특수한 기관만 사용하는 초대소가 존재한다는 것을 어렴풋이 알고 있었지만, 그에 대한 이야기는 내 앞에서 일절 밝힌 적이 없다.

필자가 김정일과 동행했던 몇몇 초대소에는 공통점이 있었으니, 첫 번째는 영화관이 있다는 것이다. 규모는 제각각이지만 대부분이 2, 30명은 수용할 수 있다.

다음으로는 사격장 설비가 있다는 것이다.

그 다음으로 필자가 아는 바로는, 묘향산초대소를 제외한 각 초대소에는 꽤 큰 무대가 갖춰져 있다는 것이다. 그곳에는 전속 오케스트라와 무도단(舞蹈團)이 와서 김정일 앞에서 평소에 갈고닦은 노력의 결실을 보여 주게 된다.

그 다음으로는 유희대(遊戱臺)다. 예전에는 어느 초대소나 김정일이 푹 빠져 있던 바카라를 할 수 있게 시설이 마련되어 있었는데, 나중에는 윷놀이대로 바뀌었다. 당구대도 꼭 있었다.

각 초대소는 김정일 패밀리가 평양에 있을 때와 마찬가지로 불편없이 편안하게 쉴 수 있도록 외관이나 내부 장식이 모두 고급스러웠다. 예를 들면, 중국 국경 부근에 있는 창성초대소는 주차장까지 대리석으로 되어 있는데 비가 오면 미끄러워서 걷기가 힘들 지경이었다.

각 초대소 건물의 기초공사에는 군대가 동원되었을 가능성이 큰데, 놀라운 것은 설계나 건축은 전속 건축가가 하고, 경우에 따라서 전문가를 해외에서 초빙했다는 것이다. 또 그들은 계약금 이외에 김정일을 위한 일을 하게 될 경우, 하루 4만 엔 정도의 출장비를 받고 있었다.

우연히 그 사실을 알게 된 나는 평양에 상황을 살피러 온 닛초 무역상사의 회장과 직접 담판을 지어서, 김정일에게 생선 초밥을 만들러 출장 나갈 때면 한 번에 5만 엔의 출장비를 지불하도록 만들었다. 1982년 당시, 보통 한 달에 12회는 김정일을 위해 출장 나갔기 때문에 출장료만으로도 60만 엔을 벌었다. 원래 기본급이 50만 엔이었는데 합계 110만 엔으로 꽤 수입이 짭짤했다.

그밖에 김정일로부터 나오는 팁의 액수도 만만치 않다. 흰 봉투에 들어 있는 팁은 손이 베일 것 같은 미국 달러나 일본 엔이었다. 이 모든 외국 지폐는 북한과 우호관계를 맺고 있는 스위스를 경유해서 넘어온 것 같았다.

드디어 김정일의 전속 요리사가 된 필자는 팀의 한 사람으로 각 초대소를 돌아다녔다. 김정일이 각 초대소를 돌아다니는 것은 표면적으로는 각지에 분산되어 있는 군대에 경의를 표한다는 시찰(방문) 명분이다. 김정일은 방문한 초대소의 주변 군사 주둔지를 돌면서 병사들을 격려하고 "북조선은 괜찮다! 그대들도 힘내라!"고 하면서 군의 사기를 진작시키는 역할을 수행한다.

필자도 몇 번인가 그런 장면을 목격한 적이 있기 때문에 선명하게 기억하고 있다.

일행이 군사 주둔지에 트럭을 타고 방문하게 되면, "장군님이 오셨다!"라고 하면서 여기저기서 큰 소동이 벌어진다. 김정일은 병사들의 환호성에 응하듯이 손을 흔들면서 병사들에게 일제 컵라면을 보급한다. 병사 한 사람당 일제 컵라면 간장맛 한 박스, 미소맛 한 박스씩 나누어 주는 김정일 장군을 둘러싸고 환희의 대합창이 벌어진다. 실로 어마어마한 광경이 아닐 수 없다.

이번에는 필자가 가 본 적 있는 각 초대소의 특징을 정리해 보기로 하겠다.

원산초대소

김정일이 1년 중 가장 많이 찾는 초대소다. 특히 봄부터 가을에 걸쳐서 이곳에서 지내는 것을 좋아한다. 둘레 900미터의 전용 승마장, 영화관, 농구장 등의 시설을 완비하고 있다. 동해에 맞닿아 있으며 여름에는 온갖 해양 스포츠를 즐길 수 있고 겨울에는 바다오리를 사냥할 수 있다. 한때 김정일은 원산에서 잡히는 바다오리 요리를 좋아했는데 나중

▲ 원산초대소

에는 싫증을 내는 것 같았다. 요리사의 입장에서 볼 때 물고기를 주식으로 하는 바다오리의 고기 자체에 비린내가 남아 있기 때문인 것 같다.

▲ 32호(강동)초대소

72호(함흥)초대소

원산보다 북쪽에 위치하고 있으며, 역시 동해에 맞닿아 있는 이 초
대소는 전망이 뛰어나다. 백사장이 아름다운 곳이며 김정일은 이곳
에서 제트스키를 즐긴다. 산이 해변까지 이어져 있고 주변의 수많은
언덕들이 인상 깊은 곳이다. 이곳에서 김정일은 자주 자전거를 탄다.
자전거는 일제의 이른바 여성용 자전거로 변속기가 없기 때문에 좋
은 운동이 된다.

32호(강동)초대소

평양에서 그리 멀지 않으며, 대동강 건너 경치가 대단히 빼어난 지점에 자리하고 있다. 각 초대소에는 원래 이 32호처럼 번호가 붙어 있는데 의미가 있는 것과 없는 것이 있는 것 같다.

묘향산초대소

평양의 동북에 위치하는 묘향산 기슭에 있다. 농구 시설이 두 군데 있고, 김정일이 이곳에 머물 때는 거의 매일 농구 시합을 관전하는 것이 관례처럼 되어 있다.

단청초대소

이곳은 남서부의 온천지로 유명한 신천초대소에 인접해 있어서 신천에서 차로 3, 40분 정도 거리에 있다. 온천수의 양도 풍부하다. 북한에서는 일본과 마찬가지로 옷을 다 벗고 온천에 들어간다. 당연히 여탕과 남탕이 분리되어 있다.

신천초대소

김정일은 겨울이면 남서부의 신천초대소를 즐겨 찾았다. 그 이유는 질 좋은 온천이 있고 꿩 사냥을 할 수 있기 때문이다. 이유는 모르겠지만 이곳에만 농구장이 없다. 하지만 왕자들이 농구를 무척 좋아해서 필자가 탈북한 후에 신설되었을 가능성이 크다. 김정일은 근처의 단청초대소보다도 이곳 신천초대소를 더 좋아했다. 그래서 겨울에 김정일 일가가 자주 찾는 메인 초대소였다.

영흥초대소

김정일은 무지개송어 호일 구이를 먹고 싶으면 이곳으로 온다. 한 번은 중국 국경 부근의 창성초대소에서 차로 달려가서 먹은 적이 있었고, 묘향산초대소에서 온 적도 있다. 도중에 안수(安壽) 주둔지를 방문한 후에 이곳에 들러서 몹시 좋아하는 무지개송어 호일 구이를 먹고 나서 평양으로 돌아갔다.

진달래초대소

북한에서 18홀이 갖춰진 골프장은 평양에 딱 한 곳이 있는데, 그곳 외에 골프를 즐길 수 있는 초대소가 이곳이다. 평양동물원 근처에 위치하고 있는 이 초대소에는 쇼트홀 세 홀로 구성된 골프 코스가 조성되어 있다.

창성초대소

중국 국경 강가에 있으며 김정일은 이곳에서 제트스키, 오토바이, 승마를 즐겼는데, 1992년에 낙마(落馬) 사고 이후 찾는 횟수가 부쩍 줄었다. 여름에 김정일이 건네 준 맥주가 무척 맛있었다. 목구멍이 싸하다는 것이 어떤 것인지를 알게 되었다. 김정일이 좋아하는 맥주는 당시에 유행하기 시작한 '아사히 수퍼드라이'였다.

◀ 창성초대소 해변에서
　제트스키를 즐기는 후지모토

▲▼ 창성초대소

평양 근교에 있는 광활한 초대소. 둘레가 3천 미터나 되는 승마장과 유원지를 갖추고 있다.

각 초대소에서는 프랑스제 식기를 많이 사용하고 있었는데 바닥에 떨어트린 정도로는 깨지지 않는 파인 세라믹 제품이었다. 탁상시계는 스위스제가 많았다. 역시 우호 관계를 맺고 있는 프랑스와 스위스의 물건을 많이 사용하고 있었던 것 같다. 초대소 내에 있는 물건 중에 북한제는 별로 없었다. 또 각 초대소에 공통된 점으로는 실내 설정 온도가 22도로 정해져 있다는 것이다.

8번, 9번 목란관초대소

평양에 있는 대연회장으로, 특히 9번 목란관은 각 나라의 VIP를 영접하는 영빈관 역할을 한다. 북한에서 내보내는 영상 중에 가끔 파티 장면이 나오는데, 대부분이 이 9번 목란관이라고 생각하면 된다. 각 초대소에는 벽화와 같은 거대한 그림이 설치되어 있고 북한의 명봉과 바다를 그린 풍경화가 많다. 작가의 이름과 사인이 그림 한쪽 구석에 있다.

이곳 8번 연회장 2층에서 1989년 2월 26일 나와 엄정녀는 결혼식을 올렸다.

백두산초대소

북부의 중국 국경 부근에 우뚝 솟은 명봉(名峰) 기슭에 있다. 수많은 초대소 중에서도 백두산의 존재는 특별하다. 왜냐하면 항일 빨치산의 성지라 불리는 이 산 안에 비밀스럽게 자리 잡은 곳(密營)이 김정일의 탄생지로 알려져 있기 때문이다.

◀ 8번초대소 대 연회장에서 열린
필자의 결혼식 광경

▲ 백두산초대소가 있는 정일봉. 김정일의 탄생지로 알려짐

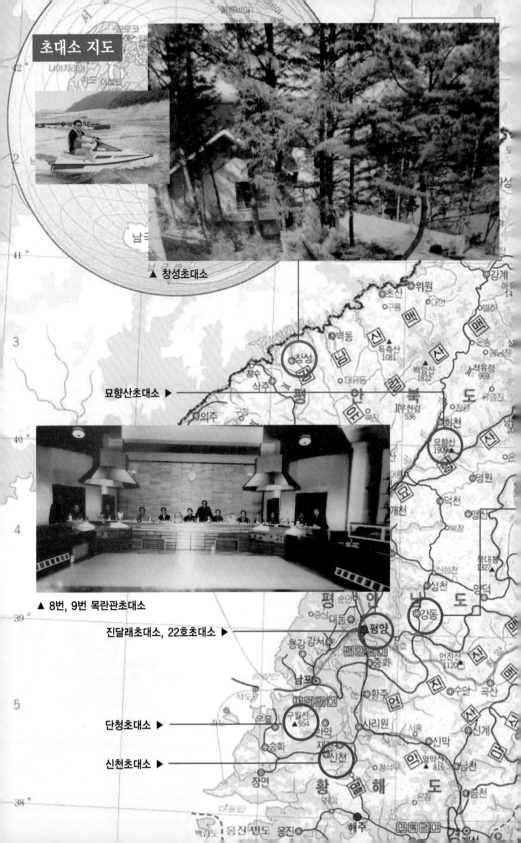

초대소 지도

▲ 창성초대소

묘향산초대소 ▶

▲ 8번, 9번 목란관초대소

진달래초대소, 22호초대소 ▶

단청초대소 ▶

신천초대소 ▶

▲ 백두산초대소

◀ 72호(함흥)초대소

▲ 32호(강동)초대소

◀ 영흥초대소

▲ 원산초대소

제2장

김정일 패밀리의 실상

유능한 비서이기도 한 고영희는 일본에서 북한으로 귀국한 재일교포
아이들과 함께 일본에 놀러 간 적도 있는 듯

'그때 그 사람'을 불렀던 김정일과 고영희

정은 대장의 이야기를 계속하기에 앞서 김정일 패밀리에 대해 언급해 둘 필요가 있겠다.

먼저 아버지 김정일에게 여러 명의 부인이 있다는 말이 있는데, 내가 직접 보고 알고 있는 '사모님'은 고영희뿐이다. 고영희는 '만수대예술단'이라는 북한 제일의 예술단에서 춤을 추던 무용수로, 그녀에게 첫눈에 반한 김정일과의 열애 이야기는 측근들 사이에서도 유명하다. 김정일과 고영희가 젊은 시절, 벤츠 안에서 데이트하며 자주들었던 한국 가요는 '그때 그 사람'이었다. 연회에서 이 노래를 두 사람이 사이좋게 듀엣으로 부르는 모습을 나도 여러 차례 본 적이 있다. 그런 김정일과 그가 가장 사랑하는 부인 사이에서 태어난 것이 정철 대장과 정은 대장, 그리고 여동생인 여정 아가씨다.

왕자들은 어린 시절 아버지 김정일을 '파파'라고 불렀으며, 어머니 고영희를 '엄마'라고 불렀다. 김정일과 고영희는 정철 대장을 '큰오빠', 정은 대장을 '작은 오빠'라고 불렀고, 측근들과 주변 사람들은 앞에서 언급한 바와 같이 정철 대장은 '큰 대장', 정은 대장은 '작은 대장'이라 불렀다.

정철 대장에게는 형이기 때문에 '크다'는 형용사가 붙었겠지만, 성장한 후의 키도 175센티미터 정도로 큰 편이었다. 한편 동생인 정은 대장은 168~170센티미터 정도였다.(이 모든 것은 신장이 162센티미터인 나와 비교해서 얻어진 추정이다.)

김정일을 제외한 김정일 패밀리의 실명에 대해서는 측근들한테도

밝히지 않는 것을 원칙으로 하는 듯했다. 첫 대면 때는 물론 이후의 파티 석상에서 식순 등에 표시할 때조차 두 왕자들은 '큰 대장', '작은 대장'으로, 여정 아가씨는 '공주님'으로 쓰는 것이 일반적이었다.

그런데 나는 우연히 두 왕자들의 이름을 알 기회를 얻었다.

'작은 대장'이라는 별명밖에 몰랐던 정은 대장의 이름을 내가 알게 된 것은 1990년이나 1991년이었다고 생각된다. 신천초대소에서 정은 대장이 '이모님'의 장남과 함께 일본의 고쿠요에서 만든 노트를 가지고 와서 내게 이렇게 물었다.

"후지모토, 일본어로 '파도'는 어떻게 쓰는 거야?"

그때 나는 정은 대장이 한문을 공부하고 있다는 사실을 모르고 있었기 때문에 두 사람의 노트를 보고 깜짝 놀랐다. 노트에는 '海', '空', '靑' 등의 한문이 노트 한 면에 빼곡히 적혀 있었다. 쓰기 연습을 하고 있던 것 같았다. 왜 왕자들이 일본의 한자를 공부하는지 의아해하면서 나는 "작은 대장 동지, 이렇게 쓰는 겁니다."라고 가르쳐주었는데, 마침 지나가던 고영희가 뒤에서 이렇게 말했다.

"정은아, 안 돼. 스스로 생각해야지."

그때 나는 처음으로 정은 대장의 이름을 알게 되었다. 부인은 아무 생각 없이 정은의 이름을 불렀을 것이다. 다만 나는 이때 부인이 '정은'이라고 부르는 것을 들었을 뿐, 한글로 어떻게 쓰는지, 어떤 한문을 쓰는지에 대해서 북한에 있는 동안 확인하지 못했다. 일본어로 표기한 'ジョンウン'을 한글로 읽을 때 '정운'과 '정은'의 두 가지로 표기가 되는데, 특히 '우'와 '으'의 발음 사이에는 미묘한 차이가 있다. 하지만 일본인에게는 둘 다 똑같이 'ジョンウン'으로 들린다. 그래서 나는 '운'이라고 생각했고, 그에 해당하는 한문인 '雲'을 넣어서 '正雲'으로 생각하고 지금까지 그렇게 표기해 왔다.

그런데 그 후 북한 내부의 슬로건 등에 정은 대장의 이름이 '정은'이라고 표기되어 있다는 것이 밝혀졌다. 2009년 10월에는 한국의 통일부도 정은 대장의 한글 표기를 '정은'으로 변경한다고 발표했다.

한편 형인 정철 대장의 이름에 대해서는 2000년 6월경 원산초대소에서 내가 직접 본인에게 확인했다. 마침 정은 대장과 여정 아가씨는 유학하는 스위스에 머무는 것 같았고 정철 대장밖에 없을 때였다. 나는 초대소의 커피 카운터에서 정철 대장과 커피를 마시면서 이름을 물었더니 옆에 있던 종이에 '정철'이라고 한글로 써 주었다.

그것을 본 내가 한문을 확인하려고 '정철'의 한문 표기인 '正鉄'과 '正哲' 두 개를 써서 내밀었더니 정철 대장은 '正哲'이라고 쓴 종이를 가리키며 이름을 알려 주었다.

김정일 패밀리의 생년월일

여기에서 한 가지 짚고 넘어가고 싶은 것이 있다. 김정일 패밀리의 생년월일에 관해서다.

왜냐하면 내가 북한에서 들었던 생년월일과 다르다는 설이 최근 일부 매체 등에서 보도되고 있기 때문이다. 특히 정은 대장의 생년월일이 '1984년 1월 8일'이라고 〈마이니치신문〉(2010년 1월 10일자)에 보도됐는데, 이것은 내가 김정일 패밀리로부터 직접 들은 이야기

와는 분명히 다르다. 또 한국에서는 정철 대장이 태어난 해에 대해서
도 '1981년'이라고 보도하고 있는데 이것도 내가 들은 이야기와는
다르다.

내가 알고 있는 장군 패밀리의 생년월일은 다음과 같다.

김정일   1942년 2월 16일 (말띠)
고영희   1950년 6월 26일 (호랑이띠)
김정철   1980년 9월 25일 (원숭이띠)
김정은   1983년 1월 8일 (돼지띠)
김여정   1987년 9월 26일 (토끼띠)

고영희의 생년월일에 대해서 지금까지는 '1950년 6월 16일'로 썼
었는데, 수첩을 다시 확인해 보니 6월 26일이었다.

태어난 달과 날은 각자의 생일에 매년 축하 행사를 하므로 틀림이
없는데, 태어난 해에 대해서 알게 된 것은 실로 우연이었다. 1993년
의 어느 날 원산초대소에서 식사를 한 후 오락으로 한창 윷놀이를 즐
기고 있던 중에 김정일이 갑자기 12간지(干支) 이야기를 꺼냈다. 북
한에서도 일본과 마찬가지로 간지가 있고, 태어난 해의 간지에 대한
것이 종종 화제에 오른다.

김정일은 부인 고영희에 대해서 "당신은 1950년생이기 때문에 호
랑이다."라고 말했고, 다음으로 정철에게는 "1980년생이라 원숭이

다."라고 말했으며 정은에게는 "1983년생이니 멧돼지구나."라고 말했기 때문에 태어난 해를 그때 처음으로 알게 되었다. 김정일은 말띠, 여정 아가씨는 토끼띠라고 말했다.

또 함께 있던 간부 스무여 명 전원의 띠를 묻더니 마침내 "후지모토는?"이라고 묻기에 나는 정은 왕자 쪽을 바라보면서 "저는 대장 동지와 같은 멧돼집니다."라고 대답했다.(이 책에서 처음으로 밝히지만 나는 1947년생 돼지띠다.)

그러자 정은 대장이 무척 기분 좋은 얼굴로 "후지모토와 같은 돼지띠네."라며 일어서더니 내 쪽으로 손을 뻗어 왔다. 이때 했던 악수를 나는 잊지 못한다. 정은 대장과 나만이 동지가 된 느낌이 들었기 때문이다.

참고로 김정일은 원래 '1941년생'이었는데 후계자로 결정되는 과정에서 아버지 김일성 주석과의 연령차를 딱 서른 살로 맞추기 위해 '1942년생'으로 바꾸게 되었다는 설도 있다. 그러나 그 점에 대해서 나는 아는 바가 없다.

패밀리 주변에서 한 번도 본 적 없는 정남

그런데 일본에서는 나리타공항에서 2001년에 구속된 장남 김정남이 더 유명하다. 그 후에도 김정남은 중국 등지에 체류하면서 종종 일본의 TV 인터뷰에도 응했다.

김정남은 1971년 김정일과 배우 출신인 성혜림과의 사이에서 태어났다. 정철, 정은 대장의 이복형이다. 김정은 후계 구도의 움직임이

'김정일 패밀리'의 가계도
—— 부부 —— 자녀

김일성 　　김정숙

김정일과 김경희 　　김정일 　　김경희 　　장성택

성혜림 　　고영희

김정남 　　김정철 　　김정은 　　김여정

▲ 김정은의 과거 모습과 현재

전해지던 2009년 이전에는 김정남을 후계자로 점치는 사람이 적지 않았다. 한반도에는 유교적 전통이 아직 남아 있기 때문에 북한의 경우도 김정일의 장남인 정남이 후계자가 되는 것이 당연하다는 생각이었다.

그러나 내가 북한에 있는 동안 김정남을 본 적은 한 번도 없었다. 이복형제이기 때문에 고영희나 정철, 정은 대장들과 동석하지 않는다 하더라도 김정일과 당·군의 간부들과의 파티 석상에는 가끔 참석해야 마땅하다. 그러나 북한 내의 신문이나 TV에서 그의 동향이 보도되는 일도 없었다. 1996년에 일본에 잠시 귀국해 체포되었을 때 경시청 관계자로부터 듣고 나는 그때 처음 정남의 존재에 대해서 알았을 정도이다.

따라서 나는 정남이 후계자가 되는 일은 없을 것이라고 일관되게 주장해 왔다. 김정일이 정남을 후계자로 생각하고 있었다면 당이나 군 간부가 참석하는 파티에 불러 간부들과 깊은 친교를 나누게 하는 것이 자연스럽지 않을까. 따라서 김정남 후계설은 김정일 패밀리나 김정일의 생각을 제대로 알지 못하는 사람들의 억측에 불과하다고 생각한다. 이 문제에 대해서는 제4장에서 더 자세하게 언급하기로 하겠다.

부인은 하라 세츠코(原節子)를 닮은 청초한 미인

김정일 패밀리 중에서 이번에는 정은 대장의 모친이자 김정일의 아내인 고영희에 대해서 언급하려고 한다.(장군과의 에피소드는 지

▲ 2001년 나리타공항에서 입국관리법 위반으로 강제 추방당한 김정남.
파티 석상에서 한 번도 본 적이 없다

▲ 김정남 어릴 적 모습

금까지 펴낸 세 권의 책에서 조금씩 언급되고 있어서 특별히 흥미로운 이야기만 제3장에서 하기로 하겠다.)

내가 고영희를 처음 만난 것은 북한을 재방문한 1987년의 다음 해인 1988년 1월 말경으로 생각된다. 나는 1982년에 처음 북한으로 건너가서 평양의 레스토랑 '안산관'의 요리사가 되었는데, 다음 해에 안산관 책임자와 관계가 틀어지면서 귀국하게 되었다. 그 후 북한 측의 요청으로 1987년에 재입국하기까지 사이타마(埼玉) 현과 가나가와(神奈川) 현의 스시 가게에서 일했다.

대한항공기 폭파사건(1987년 11월 29일)으로 북한 공작원 김현희가 체포된 후인 1988년 1월경에 나는 김정일의 지시로 평양의 김정일 관저인 '8번 연회장'으로 갔다. 그곳의 철판구이 코너에서 김정일이 내게 물어 왔다.

"후지모토, 이 사건을 우리가 한 것이라고 생각하나?"

사건의 진상에 대해서 아무것도 몰랐던 나는,

"그런 짓을 한다고 북한에 무슨 득이 되겠습니까? 국가의 이미지가 나빠지는 일은 하지 않을 거라 생각합니다."

내가 이렇게 대답하자 내 말이 끝나기 무섭게 맞장구를 치는 사람이 있었다. 그 사람이 바로 김정일 옆에 앉아 있던 여성, 고영희였다.

"그렇죠? 그런 사건이 터질 때마다 항상 우리 탓을 한다니까요."

고영희는 당시 30대 중반이었는데 언뜻 보아도 사람들의 시선을 단번에 끄는 미모를 지녔다. 일찍이 오즈 야스지로(小津安二郎) 감독의 영화 등에 출연했던 명배우 하라 세츠코를 닮은 청초함과 품위를

지닌 미인이었다. 그러나 그때
나는 그녀가 김정일의 부인인 줄
은 몰랐다.

1988년부터 나는 김정일이 트
럼프 놀이의 일종인 바카라를 하
는 장소에 빈번이 불려 다니게
되었다. 연회장에서 김정일의 오
른쪽에 그녀가 앉아 있는 것을
여러 번 목격하게 되면서 그녀가
김정일의 부인이라는 사실을 알
게 되었다. 하지만 그녀의 이름
이 고영희라는 사실을 알게 된

▲ 오즈 야스지로 감독의 〈동경 이야기〉 중
하라 세츠코 사진

것은 일본으로 귀국한 이후의 일로, 김정일의 측근은 물론 수행원들
모두가 그녀를 '사모님'이라고 불렀다. 북한에서는 그 이상으로 캐
고 드는 것은 목숨을 재촉하는 일이므로 나는 굳이 그녀의 이름을 알
려고 하지 않았던 것이다.

향수도 뿌리지 않았던 고영희

고영희의 신장은 165센티미터 정도로, 김정일과 나란히 서 있으면
거의 같은 정도로 보였다. 김정일은 키높이 구두를 신고 있으므로 신
발을 벗으면 부인이 더 클 것이다. 가벼운 웨이브 머리에 옅은 화장
을 하고 냄새에 민감한 김정일을 배려해서 향수도 뿌리지 않았다. 목

걸이나 반지, 팔지 등의 액세서리는 특별히 하지 않았지만, 몸에 걸치는 옷은 색감이 차분하면서도 무척 고급스러운 느낌이 들었다.

고영희는 특히 여름에 해수욕을 좋아했다. 그녀는 보기와는 달리 강단이 있어 물속에서 오래 참는 것에 선수였다. 어느 해 여름에, 김정일의 전용 배에서 점심 식사를 하고 있는데 김정일이 큰 소리로 말했다.

"저기 1.5킬로미터 앞에 보이는 바위섬까지 헤엄쳐 갈 사람 있나?"

제일 먼저 두 왕자가 손을 들었다. 다음으로 손을 든 것은 여정 아가씨의 놀이 상대인 무용수와 농구 선수들 다섯 명이었다. 왕자들 옆에는 15부 해병대가 호위하듯 나란히 수영을 했다. 김정일과 우리는 보트를 타고 왕자들 옆을 천천히 지나갔다.

가끔 고영희가, "천천히, 천천히 해. 빨리 헤엄칠 필요 없어."
라며 걱정스럽게 말을 걸고 있었는데, 두 왕자들은 훌륭하게 끝까지 헤엄쳐 갔다. 보트로 끌어올려진 두 왕자를 자랑스럽게 쳐다보던 김정일의 표정이 잊히지 않는다. 부인은 두 왕자의 몸을 사랑스러운 듯 닦아주고 있었다.

그리고 나서 원산초대소에 도착하자 50미터 이동 풀 앞쪽 끝에 설치된 워터 슬라이더에서 모두 함께 놀았다. 처음에는 김정일 부부가 둘이서 타고 난 뒤 연속해서 세 번이나 함께 타고 내려왔다. 전원이 두 개조로 나뉘어 경주를 하면서 즐겼다.

그 뒤에는 풀에 골네트를 설치해서 농구 선수와 왕자들이 뒤섞여서 수구를 하기 시작했다. 심판은 내가 맡았다.

마지막으로 그곳에 있던 사람들 전원이 풀로 들어가서 '시~작!' 하는 소리와 함께 일제히 물속에서 누가 가장 오래 버티는지 시합을 했다. 제일 먼저 물에서 얼굴을 들어 올린 사람은 놀랍게도 김정일이었다. 그는 불과 28초를 버텼다. 그리고 마지막까지 물속에서 버티고 있었던 사람은 고영희로 기록은 1분 50초였다.

고영희는 수영장에서 전형적인 검정색 수영복 차림을 했으며 스타일도 꽤 좋았다. 그러나 민족 악기 등을 연주하는 무용수 출신이라 그런지 팔뚝은 다소 굵고 전체적으로 통통한 인상이었다. 요리를 잘 하는 편이고, 특히 그녀가 만든 메기 요리는 일품이다.

고영희는 김정일의 부인일 뿐 아니라 김정일의 집무를 옆에서 보조하는 우수한 비서 역할도 했다. 김정일은 연회가 끝난 심야부터 새벽에 걸쳐 각 부서로부터 온 팩스(최근에는 PC의 메일)로 모든 보고

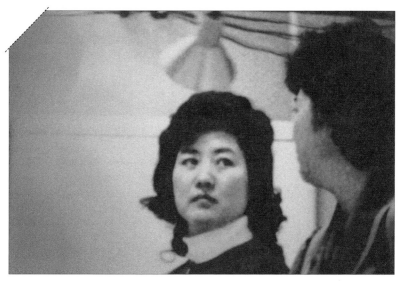

▲ 김정일이 사랑했던 부인 고영희

서를 읽는데, 그 서류 정리를 돕는 사람이 부인 고영희였다. 그렇다고 해서 김정일이 하는 일에 말참견을 하거나 연회장에서 부하에게 고압적인 태도를 취하는 일은 일절 없었고, 철저히 자신의 본분을 지켰다.

한편 김정일이 측근들 앞에서 부인의 의견을 물었을 때에는 자기 의견을 분명하게 말할 줄 아는 사람이기도 했다.

고영희는 나 같은 요리사에게도 무척 친절하게 대해 주었다. 언젠가 부인이 몸이 좋지 않았을 때 생선 초밥을 부인 방으로 전해드린 적이 있었는데, 그 며칠 후에 마주치자 "지난번에 보내주신 스시를 참 맛있게 먹었습니다."라며 말을 걸어 주었다.

2000년에 올브라이트 미 국무장관이 북한을 방문했을 때 환영 매스게임에 참가한 아이들 한 사람 한 사람에게 건네줄 과자 종류를 생각한 것도 고영희였다. 그처럼 모든 면에서 세심하게 배려할 줄 알았다. 김정일을 음지에서 철저하게 지탱해 준 것이 부인 고영희였다.

내가 김정일 곁에서 일하게 되기 전 1980년대 후반에 이런 일이 있었다고 한다. 함흥(72호)초대소에서 저녁 식사를 마친 김정일이 모처럼 혼자 밖으로 나가 바람을 쐬고 있었는데, 김정일을 경호하는 부관이 몰래 술 먹는 모습을 목격하게 되었다. 김정일이 "뭐야, 지금 술 마시고 있나?"라고 일갈하자 인사불성이 된 부관은 앞뒤 분간도 못한 채 김정일의 이마에 총구를 겨누었다. 그때 그 부관을 뒤에서 덮친 것이 부인 고영희였다. 부관이 총을 떨어트린 틈을 타 다른 부관들이 뛰어왔고, 문제의 부관은 그 자리에서 사살되었다. 부인은 그때 김정일의 생명을 구한 것이다. 그 부관의 가족과 친척들은 모두 강제 수용소로 보내졌다고 들었다.

김정일이 "그때 나는 '내 목숨이 여기까진가.' 하고 생각했어. 당신 덕분에 정말 살았어. 고맙구려."라며 연회 석상에서 부인에게 종종 이야기했기 때문에 특별히 내 인상에 남아 있다. 1994년 7월, 김일성이 사망한 직후에 김정일의 의지가 되어 준 것도 부인 고영희였다. 그 당시 집무실에서 초췌한 모습으로 책상 위에 놓인 권총을 물끄러미 바라보고 있던 김정일의 모습을 보고 부인이 놀라 얼른 권총을 치웠다는 일화가 있다.

그 한 해 전인 1993년에 고영희는 프랑스에서 유방암 수술을 받았는데, 입원 중인 부인에게서 온 편지를 읽으면서 부인을 걱정하며 눈물을 뚝뚝 흘리던 김정일의 모습을 나는 기억하고 있다.

북한 사람들 위에 오직 한 사람으로 군림하면서 무엇 하나 두려울 것이 없을 법한 김정일이지만 마음속은 고독했던 것이 아닐까. 김정일은 연회가 한창 무르익을 때면 측근이나 내게 자기 뺨에 입을 맞출 것을 명령했고, 그런 직후에는 "배신하면 이거야."라며 권총 쏘는 시늉을 하곤 했다. 측근들에게조차 언제 배신당할지 모른다는 불안감의 발로였던 것이다. 그런 김정일에게 있어 고영희는 마음속 깊이 신뢰할 수 있는 사람이었고 버팀목이었다.

왕자들을 대동해 일본 여행도

고영희는 재일교포 출신으로 어릴 적에 일본에서 북한으로 건너간 귀국교포다. 그러나 그녀가 일본어로 얘기하는 것을 한 번도 들은 적이 없으며, 일본에서 살다 온 티를 전혀 내지 않아서 나는 한참 동안이나 그 사실을 몰랐다. 1989년경에 북한에서 결혼한 나의 아내 엄정녀에게 듣고 그때 처음 알게 되었다.

마침 그 즈음에 연회의 흥을 돋우는 왕재산(旺載山) 경음악단의 기타리스트가 귀국교포 여성을 마음에 두고 있다는 사실이 김정일의 귀에까지 들어갔다. 김정일은 "귀국교포와 결혼하는 것은 절대 용서할 수 없다. 만약 결혼한다면 평양에서 살 수 없다."라고 엄명을 내렸지만 그 기타리스트는 목숨을 걸고 그 여성과 결혼하고 말았다. 후에 그 기타리스트는 원산으로 쫓겨나게 되었는데, 그 이야기를 집에서 하고 있을 때 아내가 무심코 이렇게 말하는 것이었다.

"장군님은 귀국교포와 결혼하면 안 된다고 말씀했지만 사모님도 사실은 귀국교포라구요."

나는 그 사실을 듣고 정말 깜짝 놀랐는데 가수인 아내의 말은 신빙성이 있었다. 무용수 출신인 고영희의 출신 성분은 북한 '예능인'들 사이에서는 공공연한 비밀이었을 것이다. 고영희가 해외에 갔을 때 김정일이 연회 등에서 "아유미한테서 편지가 왔다."고 하는 말을 가끔 들은 적이 있었는데 그것이 고영희의 일본 이름이었는지도 모르겠다.

측근들도 부인이 귀국교포라는 사실을 알고 있었을 것이다. 다만 왕자들이 자신의 모친이 귀국교포라는 사실을 인식하고 있었는지는 모르겠다.

내가 더욱 놀란 것은 어느 날 생선 초밥을 만든 후에 부인이 이렇게 말하는 것을 들었을 때다.

"나도 몇 번인가 일본에 가서 스시를 먹은 적이 있는데 후지모토 씨가 만든 스시가 제일 맛있어요."

그때 고영희의 말은 어릴 적 추억 이야기를 하는 느낌은 아니었다. 젊은 시절 만수대예술단의 일원으로 일본에 갔던 일은 재일교포 사이에서도 잘 알려진 이야기지만, 부인은 그 외에도 여러 차례 일본을 극비리에 방문한 적이 있는 것 같았다.

그 후에도 부인은 만날 때마다 일본에 대한 이야기를 했고 일본 일주여행을 한 적이 있다고 털어놓았다.

언젠가는, "세이칸(靑函) 터널은 정말 멋있어요. 어떻게 바다 밑을 관통하는 터널을 만들 수 있었을까요?"라고 말했다. 그밖에도 "일본의 택시는 세계 최고에요."라며 칭찬해 주었다. 차를 매일 세차하고 운전기사는 깔끔한 와이셔츠, 넥타이 차림에 흰 장갑을 끼고 있고 시트도 깔끔하다는 것이다.

"디즈니랜드에 있는 3차원으로 된 놀이시설들이 정말 멋있었어요. 그런 것이 평양에 있었다면 아이들이 얼마나 좋아할까요."

부인의 입에서 이런 이야기까지 나왔을 때 나는 눈을 동그랗게 뜨면서 놀랐다.

사실은 1992년경 내가 식재료 구매를 위해 일본에 갔을 때 김정일의 선물을 조달하는 부서인 36과의 강상춘이라는 남자와 동행한 적이 있다. 츠키지(築地, 도쿄의 유명한 어시장이 있는 곳_역주)에서 생

선 예약주문을 끝내자 강상춘은 갑자기 디즈니랜드에 가자고 말했다. 그런데 강상춘은 그곳에 놀러 간 것이 아니라 공원 내의 호텔과 주변 호텔들을 돌아다니면서 팸플릿을 모았고, 호텔 스위트룸의 가격과 서비스 등을 조사하고 있었다.

그런 일이 있고 난 후 북한으로 돌아간 지 얼마 되지 않아 부인한테서 디즈니랜드 이야기를 들었기 때문에 뭔가 짚이는 구석이 있었다. 역시 강상춘은 부인들의 디즈니랜드 행을 위해 사전 조사를 한 것이었다.

고영희가 디즈니랜드에 갔을 때는 두 왕자들과 공주를 데리고 간 것이 틀림없다. 왜냐하면 왕자들도 즐겁게 디즈니랜드 이야기를 한 적이 있었기 때문이다. 정은 대장은 구체적인 놀이시설의 이름까지 말하면서 "그게 제일 재미있었어."라는 말을 했다.

또 부인과 일행이 일본에 갔을 때 일본의 경찰 관계자는 그들을 철저하게 경호했던 것 같다. 그 예로 1996년에 일본에 잠시 귀국했다가 체포되면서 조사를 받을 때 담당 경찰관이 보여준 사진 속에 부인 고영희의 사진이 있었다. 조사관은 "이 여자를 알고 있나? 김정일의 세컨든가 뭐 그런 거 아닌가?"라고 물은 적이 있었다. 취조원에 따르면 그 '여인'은 일본의 미용실에서 발톱 관리까지 하고 돌아갔다고 한다. "이 여자는 보통 여자가 아니야. 정말 모르는 건가?"라고 추궁당했지만 나는 끝까지 모르쇠로 일관했다.

부인 고영희의 죽음과 동생 부부의 망명

그런데 고영희는 2004년에 유방암으로 사망했다고 전해진다. 나는 지금까지도 그 사실을 믿고 싶지 않지만, 만약 부인의 죽음이 사실이라면 사인은 유방암이 아니라 뇌경색일 것으로 생각된다. 왜냐하면 고영희는 2000년 12월 크리스마스를 얼마 앞두고 오른쪽 반신이 마비된 적이 있기 때문이다. 그녀가 평소에 즐겨먹는 자장면을 먹다가 갑자기 오른손에 쥐고 있던 젓가락을 떨어트렸는데 그것을 줍지도 못했다. 주치의의 진단으로는 뇌의 왼쪽 귀 뒷부분에 뇌경색이 생겼다고 했다. 그리고 유방암이 걸렸을 때와 마찬가지로 프랑스에서 치료를 받았다.

증상은 다행히 가벼웠고 치료를 받은 덕분인지 해가 바뀌고 얼마

되지 않아 프랑스에서 돌아온 부인은 특별한 후유증도 없어 보였다. 그 후에는 스포츠 관전 같이 흥분하는 일을 자제하면서 평소대로 일상생활을 해나갔다. 그러나 뇌경색은 재발하는 경우가 많다고 말한다. 그래서 만약 부인이 사망한 것이 사실이라면 뇌경색 때문이 아닐까 생각하는 것이다.

당시 50세 전후로 비교적 젊은 나이의 고영희가 뇌경색을 일으킨 배경에는 공사 불문하고 김정일을 계속 옆에서 보좌하면서 쌓인 피로의 누적도 있겠지만, 다른 문제로 인한 심적 스트레스가 겹친 것이 아닐까 생각된다.

내가 일본으로 귀국한 후에 알게 된 사실인데, 10년 정도 전에 '이모님'이라 불리던 고영희의 여동생과 그 남편이 스위스 등 유럽에서 임시 체류를 하다가 미국으로 망명했다고 한다. 그러고 보면 1998년 이후 나도 북한에서 이모님과 그 아이들의 모습을 전혀 보지 못했다.

북한 같은 나라에서 망명을 한다는 것은 국가에 대한 배신을 의미한다. 뿐만 아니라 여동생 부부의 망명으로 인해 북한의 일급비밀인 김정일 패밀리의 실상이 적대국인 미국이나 한국으로 새어나가게 될 수 있다. 그런 사실에 고영희는 책임을 느끼고 깊이 고민한 것이 아닐까 생각된다.

왕자들도 잘 따르던 '옥이 동지'

부인 고영희가 사망했다는 것이 사실이라면, 그 후에 김정일을 보좌한 사람은 제1비서인 '옥이 동지'일 가능성이 크다.

내가 1987년에 북한을 재방문해서 김정일의 연회 등에 빈번히 불려 다니게 되었을 때 김정일 옆에 앉아 있는 그녀의 모습을 자주 목격하게 되었다. 고영희가 있을 때는 김정일을 중심으로 오른쪽이 부인 고영희, 그 옆이 정은 대장, 그 옆이 옥이 동지의 순이었다.(김정일의 왼쪽에는 여정 아가씨, 그 옆에 정철 대장이었다.) 부인 고영희가 없을 때는 옥이 동지가 김정일의 오른쪽에 앉았다.(고영희나 옥이 동지가 없을 때가 거의 없었기 때문에 정은 대장이 김정일의 바로 오른쪽 옆에 앉는 일은 없었다.) 게다가 식사할 때에도 김정일과

김여정의 어릴 적 모습▶

▲ 두 번째 줄 우측에서 세 번째가 김옥, 김옥의 왼쪽은 김여정으로 추정됨

부인 고영희만 사용할 수 있는 프랑스제 최고급 식기를 옥이 동지가 사용하고 있었다. 요컨대 옥이 동지는 제1비서임과 동시에 부인 고영희도 공인한 김정일의 애인이었던 셈이다.

김정일로부터는 '옥이'로, 간부들로부터는 '옥이 동지'라 불리었지만 성은 '김'씨이고 이름은 '옥(玉)'일 것으로 생각된다. 따라서 '옥이'는 '옥'에서 따온 애칭일 것이다.

옥이 동지의 키는 부인 고영희보다 조금 작은 158센티미터 정도이다. 얼굴은 다소 통통한 편으로 일본에서 닮은 꼴 연예인을 찾는다면 미야자와(宮沢) 리에를 조금 부풀린 느낌이랄까. 흰 피부에 하얀 이를 드러내며 웃는 얼굴이 무척 매력 있었다. 둥근 얼굴의 청초한 미인이라는 점에서는 부인 고영희와도 공통된 부분이 있어 실로 김정일이 선호하는 타입이라 할 수 있겠다.

여름에 수영장에서는 귀여운 무늬의 파란색 수영복을 자주 입었고, 부인 고영희보다도 말랐으며 신체 균형이 꽤 잘 잡힌 편이었다.

옥이 동지의 생년월일은 들은 적이 없지만 1964년생이 아닐까 생각된다. 1994년 2월이나 3월경에 평양(22호)초대소에서 옥이 동지의 서른 살 생일을 축하하는 모임이 있었던 것으로 기억하기 때문이다. 그때 서른 개의 초가 꽂힌 케이크를 본 옥이 동지가 "싫어요, 치우세요. 치우지 않으면 나가 버릴 테여요."라며 어깃장을 놓는 모습이 인상 깊게 남아 있다.

옥이 동지는 부인 고영희와 함께 김정일의 집무를 보좌하고 있었는데, 옥이 동지의 비서로서의 능력은 무척 뛰어났다. PC에도 능통

했으며 김정일의 스케줄 관리도 담당했다. 부인 고영희와 함께 김정일이 가는 곳에는 거의 동행했다.

부인 고영희와 옥이 동지의 관계도 내가 본 바로는 그리 나쁘지 않았다. 둘이서 친하게 담소를 나누는 모습을 본 적도 있으며 딱딱하고 날선 분위기는 전혀 느낄 수 없었다. 부인 고영희도 원래는 김정일의 애인이었지 부인은 아니었다. 옥이 동지도 똑같은 길을 가고 있기 때문에 오히려 서로에게 '동지애'를 느낀 것이 아닐까.

옥이 동지는 정철 대장, 정은 대장, 또 여정 아가씨와도 어릴 적부터 가까이 지내왔기 때문에 그들도 '옥이, 옥이'라고 부르며 잘 따랐다. 아이들에게는 친척보다도 가까운 존재였고 그들도 엄마를 대하듯 했다. 따라서 부인 고영희가 사망했다고 해도 아무 문제없이 관저에서 부인 같은 역할을 수행했을 것으로 보인다. 그리고 정은 대장이 후계자가 된다면 틀림없이 그의 옆에서 든든하게 보좌해나갈 것이다.

제3장

코냑과 영화에 탐닉했던 김정일

디스코 춤을 추고 있는 다섯명의 기쁨조에게
김정일이 다가가더니 느닷없이 명령을 내렸다.
"옷을 벗어!"

외로움을 많이 타는 김정일

나는 김정일이 혼자 음식 먹는 모습을 본 적이 없다.

식사는 모두 모여서 떠들썩하게 한다. 그런 분위기를 중시하는 것이 식사 문화인 것 같은데 아는 사람들끼리 먹는 것이 일반적이라 한다. 그렇다면 김정일이 결코 혼자서 식사를 하지 않는 것도 이해가 간다.

아주 적은 인원이 식사를 했던 적은 두 번 정도 있었다.

첫 번째는 원산의 철판구이 코너에서 김정일, 비서, 정철 왕자가 좋아하는 여성, 그리고 나 이렇게 네 명이 식당에서 저녁 식사를 했다. 부인 고영희와 왕자들, 여정 아가씨가 외출 중이었던 것이다. 내가 서기실 전용인 2호 식당에서 식사를 하려고 하자, "센터 식당으로 오라."는 전화가 걸려 왔다. 뛰어가 보니 곧 김정일과 정철이 좋아하는 여성이 나타나서 큰 식당에서 드물게 네 명이 저녁 식사를 하게 되었다.

두 번째는 평양의 8번 연회장의 2층에서였다. 잊히지도 않는다. 1989년 2월 26일에 내가 결혼식을 올린 장소였기 때문이다. 그때의 멤버는 김정일, 비서, 통역 담당인 김용남, 그리고 나였다.

이날은 '튀김'이 화제에 올라서 최고로 좋은 '튀김 기름'이 무엇인가에 대해서 논쟁이 오고갔다.

"일본에서는 식용유와 참기름 비율이 7대 3 정도가 맛있게 튀겨진다고 합니다."라고 내가 주장하자 앞에 있던 요리사가 두 종류의 기름을 준비해왔다. 하나는 식용유 100%이고 다른 하나는 내가 주장한 식용유 70%와 참기름 30%였다. 요리사가 솜씨 좋게 튀겨낸 것을 네 명이서 하나씩 먹었다.

김정일의 튀김 취향은 새우튀김도 흰살 생선 튀김도 아니었다. 야채와 버섯 튀김을 즐겨 먹었고, 활짝 벌어진 잎새버섯을 자주 주문했다.

잠시 후에 김정일이 요리사에게 물었다.

"이건 어느 쪽 기름이지?"

"네 장군님, 7대 3 쪽 기름입니다."

"이건 어느 쪽인가?"

"네, 장군님. 이건 식용유 100%입니다."

"흠, 이쪽이 더 맛있다. 후지모토 설보다 식용유 100% 쪽이 맛있다."

여기에는 나도 어쩔 수가 없었다. 왜냐하면 세계에서 드물게 뛰어난 미각 소유자가 내린 결론이라 무시할 수 없기 때문이다.

이상이 김정일과 함께한 조촐한 식사의 추억이다.

그리고 또 이런 일도 있었다.

김정일이 평양에 있을 때, 나는 자다가 갑자기 걸려 온 전화를 받고 깨었다.

"어이, 후지모토. 혼자서 야식을 먹으니까 맛이 없잖아. (평양의) 7호 철판구이 코너로 와."

시계를 보니 새벽 2시였다.

"알겠습니다."

식당에 얼굴을 내밀었더니 테이블 위에 닛신식품의 '라오' 컵라면이 다섯 개 놓여 있었다. 김정일, 고영희, 김창성과 또 한 사람의 비서, 그리고 나 모두 다섯 명이 함께 '라오'를 먹었다. '고영희가 있는데 둘이서 먹으면 될 일을……' 이라고 나는 생각했다. 아마 김정일은 외로움을 많이 타는 사람인 것 같았다.

참고로 김정일은 닛신의 '라오' 을 비롯해서 인스턴트 라면을 몹시 좋아한다. 하지만 이것은 오로지 일제에만 국한된다. 이전에 중국과 동남아시아 여러 나라의 인스턴트 라면을 사왔는데 모두 현미경 검사에서 불합격을 받았고 안전한 것은 일제뿐이라는 평가를 받았기 때문이다. 중국제는 대장균이 검출되었다.

김정일은 항상 "식품위생 면에서 신뢰할 수 있는 것은 일본과 스위스 정도밖에 없다."라고 말하곤 했다.

그렇다면 좋은 음식을 끊임없이 먹어대는 김정일의 치아 상태는 어떨까?

결론을 말하면 별로 좋은 상태가 아닌 것 같다. 치아 몇 개는 의치였던 것 같다. 그래서 몸 상태가 안 좋으면 평양의 김정일 저택 옆에 있는 치료실에서 항상 치료를 받았으며 딱딱한 것은 되도록 멀리했다. 예를 들면 생선 초밥 위에 올라가는 생전복은 절대로 먹지 않는다. 전복을 먹을 경우에는 반드시 찌도록 지시한다.

할리우드 영화도 북한말로 더빙
김정일이 영화를 무척이나 좋아한다는 것은 잘 알려진 사실이다.

어느 초대소나 자택에도 영화관을 설치해 놓았다. 그것은 지금 일본에서 유행하고 있는 홈시어터와 같이 빈약한 것이 아니라 본격적인 영화 시설인 것이다.

은막 제일 앞에는 김정일 패밀리를 위한 로열석이 준비되어 있고, 옆에는 감상 중에 졸리면 언제라도 누울 수 있도록 긴 소파가 놓여 있다. 왕자들이 좋아하는 할리우드 영화의 감상 중에 김정일은 자주 "이런 거짓말 투성이 영화는 재미없다."라고 말하면서 실제로 잠을 잤다.

영화관의 규모는 각 초대소마다 각각 다르지만, 모든 영화관이 계단교실과 같은 구조로 되어 있어서 제일 위에서는 스크린을 내려다보게 되어 있다.

가장 큰 영화관은 원산초대소로, 로열석에 이어 한 열에 7, 8석인 일반 시트가 세 열 있었다. 좌석이 모자랄 경우에는 식당에서 의자를 가지고 왔다. 원산초대소의 영화관은 규모뿐 아니라 스피커의 성능도 뛰어났다.

영사실과 직결되는 전화에 대고 김정일이 "돌려!"라고 명령하면 영화가 시작되었다.

놀라운 것은 어떤 외국영화라도 자막이 아니라 북한말로 더빙되어 있다는 것이다. 게다가 오리지널 배우의 목소리에 집착해서 정말 비슷한 목소리를 지닌 배우를 기용했다. 예를 들어 내가 아는 일본 배우 니시다 도시유키의 목소리는 기분 나쁠 정도로 똑같았다.

김정일은 북한에서 만드는 영화는 검열해서 다시 찍을 곳을 전화로 지시할 만큼 열성적이었다.

김정일의 영화 취향은 실로 폭넓었다. 일본 영화의 경우 '도라상'이라는 시리즈물을 1편부터 최종 편까지 총 48편의 필름을 모두 소유하고 있을 정도다. 김정일이 왜 그토록 '도라상'을 좋아하는지를 생각해 봤다. 아마도 주인공이 일본 전국을 마음대로 방랑하는 자유인이라는 점을 동경한 것은 아니었을까. 미국의 정찰위성으로부터 벗어나기 위해 매일 거처를 옮겨야 하는 김정일과는 정반대 입장의 '도라상'에게 말이다.

김정일은 영화 '도라상'을 북한에서 TV로 방영할지 여부를 심각하게 고민하고 있다고 연회 중에 말한 적이 있다. 그러나 결국 실현되지 않았다. 그 TV를 보고 국민들의 정신이 해이해질 것을 우려한 것 같았다. 어쩌면 가장 큰 문제는 영화 내용에 혁명 사상이 들어 있지 않았기 때문이 아닐까. 그러나 일본의 현대 영화 속에 혁명이나 사상적 요소가 들어 있을 리 없지 않은가.

어느 정도 이해하지만, 북한 주민들의 '머리 휴식'이라고 생각하면 아무런 문제가 되지 않을 텐데 말이다. 매일같이 혁명이다 주체사상이다 하며 머릿속에 집어넣기만 한다면 북한 주민들은 지쳐 떨어지지 않을까.

'도라상'을 가령 토요일이나 일요일에 방영해 보면 어떨까.

북한 주민들이 '도라상'을 보고 정신이 해이해지리라고는 결코 생각하지 않는다. '도라상'은 누가 보아도 즐거운 영화가 아닌가!

그 증거로 김정일은 물론 부인과 아이들이 모두 웃고 즐기며 보지 않았던가.

만약 북한에서 방영한다면 방영하는 날에는 평양 전체가, 아니 전국 북한 주민들의 창가에서 웃음소리가 들려올지도 모를 일이다. 시리즈 48편을 모두 방송하게 되면 한 달에 네 번을 방영해서 딱 1년이 걸린다. 그렇게 되면 매주 한 번씩은 전국에서 웃음소리가 들리게 될 텐데……. 아쉽다.

'Oakley' 선글라스를 쓰는 정철

김정일로부터 일본 영화를 자주 보았다는 말을 들었다. 또 미국 영화에도 매우 밝았다. 특히 김정일이 스크린에 빨려 들어갈듯이 보았던 영화는 미국의 역사 영화였다. 권력 투쟁의 스토리가 왕자들을 둘러싼 현실과 겹쳐 보였는지도 모르겠다.

SP물의 미국 영화도 즐겨 보곤 했다. 클린트 이스트우드의 「사선에서」와 케빈 코스트너의 「보디가드」를 좋아해서 스크린에서 눈을 떼지 못했던 모습이 생각난다. 자신을 보위하는 부관들을 영화관에 불러서 보여 주었을 정도였다.

부관들이 영화관에 들어오면 꼭, "자, 잘들 봐."라고 말했다. '007' 시리즈도 거의 모든 필름을 갖고 있는 것 같았다. '007' 시리즈는 스파이 영화이기 때문에 뭔가 배울 점이 있었을지도 모르겠다.

김정일은 배우로서 멜 깁슨을 무척 높이 평가하는 것 같았다. 김정일은 직접 "멜 깁슨은 할리우드에서 최고의 개런티를 받고 있다."라고 해설했다. 한편 여배우로 좋게 평가하는 사람은 놀랍게도 일본의 요시나가 사유리였다.

정철 왕자가 좋아하는 배우는 키아누 리브스였기 때문에 김정일 패밀리는 그의 영화도 자주 보곤 했다. 작품 중에 키아누 리브스가 쓰고 나오는 미제 선글라스 'Oakley'를 부탁받고, 일본에 출장 갔을 때 우에노 거리를 한참 헤매며 겨우 구해 와서 왕자에게 건넸던 적도 있었다.

정철 왕자는 장 클로드 반담도 좋아해서 그의 영화를 여러 편 보았다. 그의 근육질 몸매에 매력을 느껴서 단련하기 시작했는지 언제부턴가 정철 왕자의 몸은 멋진 근육질 몸매로 변해 있었다.

이처럼 김정일과 그의 패밀리는 거의 매일 영화를 보았다. 한국 영화와 에로물도 보았다. 그리고 영화가 끝나면 김정일이 "그만 돌아가서 자라."라고 끝내는 말을 하고, 우리는 각자 자신의 방으로 돌아와서 자는 나날이 계속되었다. 영화가 끝나면 대개 새벽 2시경이 되었다.

김정일의 머리카락을 다듬는 고영희

김정일이 파마를 할 때는 평양의 지남체육관 빌딩에 있는 이발사를 부르는데, 평상시에 머리만 자를 때는 부인 고영희가 직접 잘랐다. 김정일의 머리는 원래 직모다. 파마를 하는 것은 조금이라도 키를 커 보이게 하기 위해서다.

김정일의 키는 나와 비슷하다. 자칭 164센티미터지만 조금 눈속임이 있는 것 같다. 이제는 모든 사람이 알게 되었지만 김정일은 키높이 구두를 애용한다. 또 체중은 90킬로그램 정도 되는 것 같다.

원산초대소에 머물던 어느 여름날의 일이었다. 꽤 이른 시간에 눈이 떠진 나는 해변을 걷고 있었는데 김정일이 갑판 의자에 앉아 있는 모습이 눈에 들어왔다. 옆에는 고영희가 가위를 들고 흐뭇한 표정으로 김정일의 머리카락을 자르고 있었다. 보기 좋은 광경이었다.

사람 기척이 나자 뒤를 돌아본 두 사람에게, "안녕하세요?"라고 인사를 한 뒤 나는 쏜살같이 방으로 뛰어 돌아왔다. 그것이 자극이 되어 나는 오랫동안 고수해 온 펀치 파마를 그만두고 아내에게 머리를 자르게 했다.

김정일이 사랑해마지 않는 고영희의 존재를 일반 북한 주민들은 거의 모르고 있었다. 알려져 있지 않은 것이다. 각 초대소의 명승지에서 가끔 고영희와 기념사진을 찍기는 하지만 간부들에게는 물론 나에게도 그 사진은 배급되지 않았다.

일반인으로서 고영희와 가장 가깝게 지내는 사람은 왕자들과 놀아주는 농구선수들과 각 초대소에서 시중드는 사람들일 것이다. 그러나 그 모든 일은 단단히 입막음되기 때문에 외부로 새나가지 않는다.

카키색 점퍼, 검소의 상징이 아니다

김정일은 손목시계를 차지 않는다. 최고급 파텍 필립 시계를 몇 개나 갖고 있다 해도 이상할 것은 없지만 지닐 필요가 없었다.

"지금 몇 신가?"라고 물으면 즉석에서 대답을 들을 수 있는 입장이기 때문이다.

마찬가지로 김정일은 볼펜도 갖고 있지 않으며 수첩도 갖고 다니지 않는다. 요컨대 김정일은 기본적으로 아무 것도 손에 들지 않았다. 그래도 전혀 지장이 없기 때문이다. 따라서 옷 주머니에 조심스럽게 구멍을 뚫어 놓아 아무것도 넣을 수 없게 되어 있었다. 모든 면에서 철저했다.

김정일이라고 하면 금방 떠오르는 이미지는 카키색 군복 차림이다. 수수한 군복처럼 느껴지지만 그것은 군복이 아니라 점퍼다. 구동독군의 군복에서 착안해 김정일이 직접 디자인했다고 한다.

북한에서는 "장군님의 소박한 점퍼에는 번쩍거리는 훈장도 없다. 사회주의 조국을 지키는 불멸의 위훈이 새겨져 있다."고 찬양하면서 검소·검약의 상징으로 거론된다. 하지만 실제 재질은 캐시미어 실크로 최고급 천이며 물론 사이즈 맞춤 주문이다.

사이즈는 기장 60센티미터, 가슴둘레 124센티미터, 허리 부분은 고무로 80센티미터인데 최대 120센티미터까지 늘어난다. 가랑이에서 위로 42센티미터, 아래로 67센티미터이다.

이 점퍼를 김정일 이외에 자기 부담으로 가지고 있는 사람은 친동생인 김경희뿐이다. 선물하기 좋아하는 김정일은 구실을 붙여서 조선노동당 간부들에게 자신의 '손길이 스친' 점퍼를 나누어 주었다. 나도 두 장 갖고 있다. 김정일의 '하사품'인 점퍼를 가지고 있다는 것은 다시 말해서 간부의 증거이기도 한 것이다.

김정일의 캐주얼 복장은 어떨까? 우선 아르마니나 베르사체 같은 브랜드에 집착하는 것 같지는 않았다. 다만 김정일의 맞춤 주문복을 담당하는 사람은 소재와 옷감에 무척 신경을 쓰는 것 같았다.

선글라스는 눈물 감추기 용?

김정일이라고 하면 언제나 안경 또는 선글라스를 끼고 있는 모습이 기억에 남아 있다. 그러나 연회석상이나 사적인 장소에서는 벗고 있을 때도 있었다.

PC를 사용할 때는 반드시 안경을 끼고 있는 것을 보면 시력이 좋은 것 같지는 않지만 그렇게 나쁜 것은 아닌 것 같다. 다소의 근시와 난시가 있어 보였다. PC에는 꽤 능숙해 보이지만 나는 그 근처에 얼씬거리지도 못했다. 참고로 김정일이 보통 때 쓰는 PC는 일제이며 소프트웨어도 일제다. 그것을 아키하바라에서 사온 사람이 다름 아닌 나다.

이전에 펴낸 책 『김정일의 요리사』에서도 언급하고 있지만, 김정일은 눈물이 꽤 많은 편이다. 보통 때 안경이나 선글라스를 쓰고 있는 것은 그 대비책이 아닐까 하고 나는 생각한다.

지방 시찰이나 여성군조직의 주둔지를 시찰 방문할 때, 늠름하게 임무에 종사하는 그들의 모습이 김정일의 눈물샘을 자극할 수도 있을 테니 말이다. 그러나 만약 김정일의 그런 모습을 인민들이 보게 된다면 어떨까?

종종 영상을 통해 보게 되는 김정일의 선글라스, 사실 그것도 내가 일본에서 사온 것이다. 엽총용 선글라스를 찾고 있어서 어쩌다 신주쿠의 총포점에서 눈에 띄는 것이 있어서 스무 개 정도 구입해 왔다.

"어? 이거 모양이 좋군."

마음에 든 디자인을 두 개 고른 김정일은 나머지는 사람들에게 나누어 주라고 말했다.

탈 것의 경우 김정일의 취향은 뚜렷했다. 적어도 자동차에 관한 한 세계의 명차로 불리는 것은 모두 다 타 보고 싶어 하는 것 같았다. 벤츠, 재규어, BMW, 센트라, 셀시오 중에서 역시 벤츠를 제일 좋아했다. 벤츠를 좋아하는 제일 큰 이유는 서스펜션(자동차의 노면 충격을 흡수하는 장치)이 딱딱하고 안정감이 있어서 길이 좋지 않은 북한에 적격이기 때문이다. 물론 김정일은 직접 운전도 한다. 김정일은 오히려 자동차 운전을 즐기는 것 같았다. 그러나 군 시찰 시에는 직접 운전하지 않았다. 직접 운전을 하면 권위가 서지 않기 때문에 당연한 일이겠지만.

김정일은 오토바이를 타기도 했다. 창성초대소에서는 내가 카탈로그에서 엄선한 혼다 CB250을 경쾌하게 타고 다녔다. 그런데 이것의 사이즈는 문제가 없는데, 이전에 타던 할리데이비슨은 김정일의 다리 길이로 볼 때 무리였을 것 같다. 어디까지나 나의 상상이지만 발진할 때는 양 옆을 부하들이 잡아주고 내릴 때는 양쪽에서 부축해서 내리지 않았을까? 그렇지 않으면 할리데이비슨은 도저히 탈 수 없었을 것이다.

단숨에 마시면 500달러

김정일은 어떤 술을 마실까? 우리처럼 식사를 하면서 맥주를 마실까? 또 전용 열차 안에서는 어떤 술을 마실까? 나는 김정일 전용 차량 칸에 함께 타 본 적이 없어서 잘 모르겠다. 하지만 연회석에서는 함께 술을 마신 적도 많다.

예전에 일본의 주점에서 코냑 'XO'가 한 병에 5만 엔, '파라디스'가 10만 엔 하던 시절이 있었다. 그런데 나는 연회에서 이런 고급 코냑 100g(브랜디 잔으로 1잔 분)을 마시고 100달러를 받아 챙긴 일이 있었다.

연회석에 앉아 있는 김정일 앞에는 항상 미국 달러로 1만 달러 다발이 4, 5묶음 놓여 있었다. 이런 외화는 스위스를 통해 조달된다. 물론 틀림없는 진짜로 위조지폐는 아니다. 김정일은 우리를 부추기곤 했다.

"용기가 있는 사람은 내 앞으로 나와서 술을 마셔라! 단숨에 마시는 사람에게는 백 달러를 주겠다!"

처음에 두세 잔 정도까지는 간부들이 위에서 차례로 김정일 앞에 나서서 마시는데, 그 이상이 되면 다리가 무거워지고 몸을 가누기가 힘들어진다. 그러면 이번에는 김정일이 지명을 한다.

"후지모토, 너는 안 마시나?"

이렇게 지명을 당하면 일어나지 않을 수 없다.

"예! 마시겠습니다."라고 말하면서 김정일 앞으로 나간다.

토할 것 같지만 꾹 참고 마신다. 일단 토해내면 무효가 되므로 항

상 그 점에 주의해야 한다. 내가 다 마신 것을 확인하자 앞에 놓여 있
던 달러에 손을 뻗어 세 장을 집더니 김정일은 말했다.

"좋아, 후지모토. 삼백 달러 가져가!"

그 금액이 점점 더 올라가게 된다. 다시 말해서 김정일에게서 나오
는 금액이 점점 더 올라가는 것이다. 그것을 보고 돈 욕심이 나서 김
정일에게 지명되기를 바라면서 눈에 띄는 행동을 하는 수완가도 있
었다.

최고급 코냑을 100병씩 주문

한번은 이런 일이 있었다. 원산초대소에서 일어난 사건이었다.

늘 하던 대로 김정일이 충동질하기 시작했다.

"브랜디 파라디스 백 그램을 세 잔 마시면 천오백 달러를 너희한
테 주겠다."

그곳에 있던 대부분의 사람들은 앞의 연회 때에 파라디스를 마신
경험이 있었지만 나와 임상종은 아직 없었다. 그렇더라도 한 잔 마시
고 500달러를 받다니 얼마나 매력적인가!

"임상종과 후지모토는 아직 안 마셨지?"

김정일이 이렇게 말하자 비서 김창성은 메모를 보더니, "그렇습니
다."하고 대답했다.

"두 사람은 앞으로 나와 봐."

김정일의 명령에 우리 두 사람은 우선 한 잔을 마셨다. 김정일은
우리를 향해 "상금은 여기 있으니 잘 봐 둬."라고 부추기면서 1,500

달러가 든 봉투를 가리켰다.

나는 그것을 얼른 손에 넣고 싶어서 10분 후에 김정일 앞에 나가서, "두 번째 잔을 마시겠습니다."라고 말했다.

그랬더니 김정일은, "좋아, 좋아!"라고 하며 고개를 끄덕이더니 나를 재촉했다.

나는 두 번째 잔을 다 비웠다. 드디어 세 잔째가 되었다.

"후지모토, 세 잔째를 마시게."라는 말을 김정일로부터 들은 나는 "네."라고 대답하면서 단단히 각오를 하고 세 번째 잔을 다 마셨다.

나는 김정일로부터 1,500달러가 든 봉투를 받아 들고는 안주머니에 넣은 뒤 인사를 하고 내 자리에 앉으려는 순간 갑자기 구토증이 생겨 화장실로 달려갔다.

화장실 변기를 붙든 채 웩웩거리며 토하는 것을 본 간부 중 한 사람이 "후지모토의 상금은 무효다!"라고 떠들어대기 시작했다. 그러면서 김정일의 눈앞에서 두 사람이 나를 붙들더니 내 주머니에서 봉투를 억지로 꺼내려고 했다. 돈을 안 뺏기려고 버둥거리는 나를 보던 김정일이 딱 잘라 말했다.

"괜찮아 그냥 내버려 둬. 후지모토는 다 마셨잖아. 그러면 된 거 아닌가. 게다가 일단 주머니에 들어갔으니 그 사람 돈이야."

김정일의 위력 있는 이 한 마디로 사건은 일단 완결되었다.

그런데 이런 일이 종종 겹친 것이 원인이 되어 내 몸은 코냑을 더 이상 받아들일 수 없게 되어 버렸다. 브랜디를 코에 갖다 대기만 해도 구역질이 난다.

내가 이 정도인데, 김정일이 즐겨 펼치는 이런 연회에 매번 참석하는 측근들이 있을까? 술통 하나에서 한 병밖에 나오지 않는 최고급 코냑을 한번에 100병이나 주문하기 때문에 프랑스의 주류 업자에게는 대단한 고객이 아닐 수 없겠지만 말이다.

그렇다면 도대체 아랍의 석유왕은 어떤 연회를 즐기는 걸까? 한번 훔쳐보고 싶은 생각이 드는데, 설마 김정일 같은 스타일은 아니겠지.

북한술은 거의 마시지 않아

김정일의 맥주 취향은 아사히 수퍼드라이지만, 일본주에도 한때 빠졌던 때가 있었다. 그러나 김정일의 일본주에 대한 애정은 반 년만에 끝났다. 그 원인은 그가 마시는 방법에 있었다.

어느 날 김정일이 얼굴을 찡그리며 이렇게 말했다.

"어이, 후지모토. 일본주는 맛은 있는데 다음날 아침에 일어나면 머리가 아파."

나는 쓴웃음을 지으면서 대답했다.

"장군님, 그건 그래요. 전에도 제가 말씀 드린 대로 일본주는 2잔 내지 3잔을 마시면 몸이 따뜻해지면서 취기가 오르는 최고로 맛있는 술이지요. 하지만 장군님처럼 한 홉을 들이키시면 누구라도 다음날까지 숙취 상태가 되지요."

김정일이 주로 마시던 일본주는 '기쿠마사무네(菊正宗)', '겟케이칸(月桂冠)', '시라유키(白雪)', '하쿠시카(白鹿)' 등이었지만 어느 날 나는 불필요한 말까지 해 버리고 말았다.

"장군님, 일본주 중에서 제일 인기가 있는 겐비시라는 상표가 있습니다. 한때 일본에서 겐비시가 없는 요리집은 가게의 격을 한 단계 낮춰 봤을 정도였지요."

김정일이 고개를 끄덕였다.

"그렇게 맛있는 술이 있단 말이지? 좋아 한번 사와 보게."

그래서 겐비시 외에 기쿠마사무네, 겟케이칸을 구해 오게 되었다. 기쿠마사무네는 당시 일본에서 인기가 있었고, 겟케이칸은 일본 천황에게 진상하는 일본주라고 들었기 때문이다.

이 세 종류의 일본주를 김정일이 마시고 비교를 했다.

겐비시를 입에 넣는 순간 김정일이 나를 노려봤다.

"뭐야 이거? 이건 후지모토 전용으로 해!"

어쩐 일인지 김정일의 입에는 안 맞는 것 같았다. 그 후부터 일본주가 나올 때는 반드시 김정일은 이렇게 명령을 했다.

"어이, 웨이터. 후지모토에게는 기쿠마사무네가 아니라 겐비시를 갖다 줘."

김정일이 좋아하는 일본주는 기쿠마사무네였다.

김정일은 북한에서 만든 술은 거의 마시지 않았다. 북한에서는 꽤 향이 강한 소주나 막걸리가 일반적이었는데 연회장이나 김정일 저택에서 그것을 마시는 일은 없었던 것 같다.

김정일이 어떤 것을 구해 오라고 명령을 하면 대개 2주일 후에는 갖추어져 있었다. 그것도 외화와 마찬가지로 유럽에서 국교 관계가 있는 나라를 경유해서 구하는 것이 일반적이었다.

한때는 유럽의 생맥주를 구해 온 적이 있었다. 맥주 마시기 좋은 계절인 여름에 김정일은 체코 산 생맥주를 즐겨 마셨다. 보통 때는 두 시간에 한 번 정도 화장실에 가던 김정일이 어찌된 일인지 체코 산 생맥주를 마시면 한 시간도 버티지 못했다. 그럴 때면 김정일은 이렇게 변명을 했다.

"안 되겠어, 이 맥주는. 화장실에 들락거리기 시작하니 그 길로 멈출 줄을 모르니 말야."

술 없이는 연회석에 못 앉는 장성택

김정일은 어쩐 일인지 식사 후 40분간은 결코 운동이나 산책을 하지 않는데, 그것이 김정일 식의 건강법인 것 같았다. 혹은 주치의로부터 어떤 주의를 들어서였는지는 모르겠다.

또 김정일은 식사 후에 반드시 약을 복용했다.

전용 약통에는 한 번 분량의 정제 여러 종류가 늘 준비되어 있어서 그것들을 한 번에 입속으로 털어 넣는다. 그러면서, "나는 평생 이 약을 먹어야 하나?"라는 의미심장한 말을 중얼거리곤 했다.

김정일이 건강 면에서 가장 신경을 쓰는 것은 아버지 김일성이 그랬던 것처럼 심장이다. 간도 나쁜 것 같았다.

김정일의 몸은 물렁살이다. 배에는 전혀 탄력이 없고 빵빵하게 부풀어 있다. 보통 사람들이 그 정도로 잘 먹으면 배가 보통 삼겹, 혹은 사겹이 되겠지만 김정일의 배는 빵빵하게 부풀어 있다. 아직 당뇨병 걱정은 없는 것 같다.

김정일은 술을 자주 마시는 데 비해서는 알코올 중독 기미는 없는 것 같다. 가끔 술을 끊겠다며 단주 선언을 하기도 한다. 연회석상에서 술을 많이 마시고는, "내일부터 3일간 술을 안 마시겠다."고 선언한다. 그러면 정말 그 기간 동안은 술을 한 방울도 마시지 않는다. 그런 부분에 있어서 놀랄 정도로 강한 의지를 보인다.

술을 마시지 않을 때 김정일이 즐기는 것은 중국차다. 커피도 가끔 마신다. 그리고 식사 후에 자주 마시는 것이 프랑스제 페리에다. 그걸 마시면 속이 편해진다는 것이다.

김정일이 술을 안 마실 때도 연회는 계속해서 열리지만 술을 자제하고 있는 김정일 앞에서 감히 부하들이 술을 마실 수는 없는 노릇이다. 그러나 그럴 때는 분위기를 파악하고 김정일은 뒤에서 시중을 들고 있는 웨이터에게, "어이, 후지모토에게 맥주를 내주게!"라며 배려를 해 준 적도 있었다. 내 기억으로는 김정일이 제일 오래 술을 끊은 기간은 4개월 동안이었다.

단주 중에 아무래도 맨송맨송한 연회의 분위기를 띄워 주는 사람은 장성택이었다. 장성택은 항상 연회 전부터 술을 마셨는데 술을 마시지 않으면 연회석에 앉지 못하는 사람이었다.

연회가 시작되고 나서 3, 40분 지나면 언제나 장성택이 일어나서 큰소리로 구령을 외쳤다.

"장군님 앞으로 정렬!"

그러면 간부들이 열 명 정도씩 앞으로 나왔다.

"장군님께 경례!"

"장군님께 건배!"

"장군님 만세!"

그것이 여섯, 일곱 차례나 계속 이어졌다. 문제는 그때마다 코냑이면 100g, 와인이면 220g을 다 마시지 않으면 안 된다는 것이다. 김정일이 단주 중일 때에는 이것이 더 심해지는 경향이 있다.

이때의 후유증으로 나는 코냑과 와인을 지금도 마실 수 없게 되었다. 전에는 식재료를 구하러 해외에 나갔을 때는 반드시 면세점에서 '레미마틴'을 세 병 사서 그 중 한 병을 여행지의 호텔에서 마시는 것이 즐거움이었는데, 지금은 냄새만 맡아도 구역질이 난다.

그렇다면 김정일은 언제 단주를 할까?

대개는 주치의한테서 이른바 '닥터 스톱'을 받았을 때이다. 김정일은 주치의의 직언은 무척 잘 따르는 편이었다.

김정일이 의지하는 주치의 중 한 사람은 65세 정도의 칸(?) 박사이다. 칸 박사를 포함해서 김정일의 초대소 순례에 선발된 의사는 여섯명 정도로, 그 중의 누군가가 반드시 동행했다. 북한은 의료 면에서 프랑스에 꽤 의존하고 있으므로 김정일 전속 의사단의 대부분은 프랑스에 유학을 다녀왔을 가능성이 크다. 간호사도 반드시 두 명이 초대소에 동행했다.

옻 알러지가 있는 김정일

한번은 김정일이 주치의로부터 이런 충고를 들었다.

"장군님, 한동안은 다랑어와 고등어를 드시지 않는 것이 좋겠습니다."

김정일이 가장 좋아하는 다랑어의 토로(기름기 많은 다랑어의 뱃살)를 먹지 못하게 된 것이다. 그래도 밤 연회에 내가 생선 초밥 출장 요리사로 불려 갔다. 다랑어를 먹지 못하는 김정일은 나를 향해 이렇게 중얼거렸다.

"후지모토, 토로 없는 스시는 뭔가 빠진 것 같아."

그 후에 불려 갔을 때에는 김정일이 작은 목소리로 명령했다.

"어이, 후지모토. 다랑어를 준비해. 그게 없으니 도대체 스시를 먹은 것 같지가 않아."

당연한 일이라고 나는 생각한다. 스시 집에서 다랑어가 없으면 문을 닫아야 한다. 한문을 봐도 알 수 있듯이 참치는 고기 어(魚) 변에 있을 유(有)를 쓴다. 있어야 할 생선이 없다면 스시 가게는 문을 닫는 것이 당연한 이치일 것이다.

요컨대 김정일은 술은 끊을 수 있었지만 다랑어는 끊지 못했다는 이야기다.

내가 정성을 다해 만든 다랑어 초밥을 먹은 김정일이 말했다.

"토로, 원 모어!"

여하튼 김정일은 매우 진한 맛을 좋아해서 중화요리도 잘 먹는데, 상어지느러미에는 사족을 못 쓴다. 맛이 최고인 데다 콜라겐이 듬뿍 들어 있기 때문에 노화방지에도 최고다. 김정일은 일이 있을 때마다 상어지느러미를 먹곤 했다.

상어지느러미는 마카오에서 수입했다. 그 업자는 알로에라는 이름

2001년 3월 김정일의 식단표

3/07 스시	3/6 차림표	3/30 차림표
다 랑 어 도 로	감 자 쌀 라 드	들 버 섯 생 채
쏘 가 리	야 자 상 어 날 개 탕	죽 생 상 어 날 개 랑
깡 빠 치	물 고 기 목 이 버 섯 술 찜	쏘 가 리 룡 정 차 찜
뱀 장 어 카 비 아	염 소 고 기 샤 슬 리 크	참 깨 닭 구 이
베 기 도 로	자 라 함 찜	라 클 레 트 치 즈 구 이
도 비 꼬 새 우 뎀 뿌 라	게 장 즙 서 란 화 북 음	
이 나 리	백 미 밥	백 미 밥
	콩 나 물 국	떡 국
나 메 꼬 버 섯 된 장 국	통 배 추 북 음	도 라 지 북 음
	풋 고 추 장	가 지 파 북 음
	홍 차	홍 차

위의 식단표는 북한을 탈출하기 직전, 양복 안주머니에 몰래 숨겨져 가져온, 김정일의 메뉴이다.

장두봉 조리 책임자는 영양사와 상의해서 약 30개의 메뉴를 김정일 앞에 갖다 놓았다. 그러면 김정일은 반드시 배가 부른 상태에서 다음 식탁에서 먹을 요리를, 손으로 가리키며 직접 골랐다. 배가 부른 상태에서 요리를 선택하는 이유는, 배가 고픈 상태에서는 식탐이 생기기 마련이기 때문이다.

김정일이 좋아했던 음식에는 중국요리가 많다. 3일 연속으로 등장하는 〈상어 날개(지느러미)〉는 김정일이 특히 좋아했던 음식이다.

그중에서도 3월 26일의 〈야자상어날개탕〉은 최고급 특별 요리로, 러시아와 중국에서 중요한 분들이 북한을 방문했을 때, 만찬회에서 제공했던 요리이다. 또한 김정일은 스테이크도 좋아했는데, 프랑스에서 요리사를 불러 온 적도 있었다. 북한에서는 고기를 완전히 익혀서 요리하는 게 일반적이었는데, 프랑스 요리에서는 '미디엄'이나 '레어', 즉 고기를 덜 익히는 것이 맛있는 것으로 알려져 있다. 프랑스 요리사가 온 이후 북한에서도 '미디엄'이나 '레어' 정도로 고기를 익혀 먹는 것이 일반화되었다.

또한 김정일은 매운 것은 좋아하지 않았다. '매운 한식'이 등장하는 경우는 적

³/₂₈ 차림표	³/9 차림표	³/4 차림표
풋 미 역 초 장 무 침	왕 새 우 회	소 천 엽 랭 채
상 어 날 개 소 라 탕	남 새 생 채	꽃 간 낭 쉬 무 우 초 침
가 재 미 간 장 찜		메 추 리 알 랭 묵
코 아	대 군 상 어 날 개 홍 소	
포 즘 버 섯 구 이	물 고 기 룡 정 차 철 판 볶 음	찜 편 구 이
통 배 추 건 밥 조 개 살 찜	비 둘 기 간 장 찜	쌀 국 수 볶 음
	동 과 참 나 무 버 섯 찜	일 품 버 섯 볶 음
백 미 밥		소 쯜 뚜 기 튀 기 은 행 즙
무 우 국	카 레 밥	통 배 추 함 찜
	맑 은 국	
하 루 말 린 고 등 어 구 이		단 고 기 국
풋 고 추 명 란 찜		조 밥
홍 차	홍 차	홍 차

었다. 그래서 〈삼계탕〉이나 〈운백탕(소뼈를 하얗게 곤 국)〉을 국물로 즐겨 먹었다. 복날에는 스테미너 음식으로 개고기 요리가 반드시 식탁에 올랐다.

내가 담당하던 〈스시〉는 주 1회 반드시 등장했다. 일본 요리의 섬세한 맛은, 그의 미각에도 맞아서, 약간의 고추냉이 간장과 함께 잘 먹었다. 〈뱀장어카비아〉는 나의 오리지널 작품으로, 뱀장어 위에 캐비어를 얹어 뱀장어의 달달한 맛과 캐비어의 풍미를 함께 맛볼 수 있어 호평을 받았다.

북한 동해가 명산지인 대합은, 주로 끓여서 대합찜으로 내놨다. 자연송이도 가을에 자주 등장하였는데, 일인당 7,8개씩 먹었다. 자연송이로 밥을 지어 먹기도 했는데, 그때마다 김정일은 "향기 좋다."라며 크게 감동하였다.

'요리는 첫째가 색깔이고, 두 번째는 향기이며, 세 번째가 맛'이라는 게 김정일의 지론이었다.

또한 말린 전갱이나 꽁치도 매우 좋아했던 것으로, 무즙과 곁들여 조림으로 자주 식탁에 올랐다.

위의 차림표는 주 메뉴를 적은 것에 불과하다. 실제로는 '부채(副菜)'라고 불리는 밑반찬 종류가 기본으로, 20~30가지가 상위에 깔리게 된다. 그래서 반찬 가지 수만 30 종류가 넘게 되는 것이다. 이것이 김정일의 식탁이다.

의 남자로, 김정일의 도박 상대이기도 했다. 또 한 사람, 총메이(?)라고 하는 알로에의 누나도 있었다. 이들은 이른바 김정일 패밀리의 어용 상인인 셈이다. 상어지느러미 외에도 가끔 고급스러운 천을 들여와서 팔곤 했다. 알로에 일당은 1년에 네다섯 번 평양을 방문했다. 그때에는 반드시 국가적인 행사, 기념일이 얽혀 있었다. 그들이 묶는 곳은 8번 연회장의 7층 전용실이었다.

평양의 김정일 전용 냉장고에는 온갖 고급스러운 음식들로 항상 가득 차 있었다. 각 초대소에서 지낼 때에도 그 수준을 요구하기 때문에 우리 요리사들은 고민이 많았다. 음식이 하나라도 떨어지면 큰일이 나기 때문이다. 예를 들면 '나라쓰케'(장아찌의 한 종류_역주) 같은 것이다.

어느 날 김정일이 불쑥 내게 물었다.

"어이, 후지모토. 나라쓰케가 먹고 싶다. 있나?"

"예예, 있습니다."

원래 나라쓰케는 장어요리를 먹을 때에만 내놓는 것인데 마침 준비되어 있어서 다행이었다. 장어 얘기가 나왔으니 생각나는 것이 있는데, 내가 김정일에게 '관동(關東)식' 장어를 대접한 것이 계기가 되어 나중에 장어 양식장까지 만들게 되었다.

그때까지 김정일은 관서식으로 찌지 않고 굽기만 하는 '가마야키'를 먹어 왔다. 그것은 젓가락으로 집을 수 있을 정도로 딱딱하다. 연회 요리에서 관서식 장어가 나왔을 때 나는 김정일에게 이렇게 진언했다.

"장군님, 이 장어는 찌지 않았기 때문에 너무 딱딱합니다. 다음 번에는 관동식으로 요리해서 젓가락으로 집어 올릴 수 없을 정도로 부드럽게 만든 장어요리를 올리겠습니다."

사실 김정일은 옻 알러지가 있어서 옻 종류의 식기, 젓가락 등의 사용을 피해야 한다. 따라서 장어를 구워 특상품의 북한 쌀 위에 올려서 내는 경우에도, 일본에서 하듯이 옻칠 그릇은 사용하지 못한다. 그래서 하는 수 없이 도자기로 만든 사발에 담아낸다.

내가 "장군님, 일본에서는 이런 그릇에 든 장어는 일반 사람들이 먹습니다. 아름답게 옻칠한 그릇에 든 장어가 훨씬 격조가 있는데 그러지 못해 안타깝습니다."라고 설명하자 김정일은 "그런가?"라며 실망하는 표정을 보였다.

굽는 방식을 관동식으로 바꾸고 나자 김정일로부터의 요청이 단연 늘어났고, 이후에는 일주일에 세 번 김정일 저택에서 장어를 요리했다. 부인 고영희도 관동식을 좋아해서 나는 초대소의 풀 사이드에서까지 장어를 굽게 되었다.

매운 김치는 먹지 않아

김정일이 처음으로 두리앙(태국의 대표적인 과일. 역한 냄새가 남 _역주)을 먹었을 때의 일이다.

두리앙은 칼로리가 무척 높은 과일이다. 태국인들은 1년에 한 번이나 두 번 두리앙을 먹는데, 그 해에는 건강하게 지낼 수 있다고 들은 적이 있다.

웃으면서 두리앙을 먹고 있던 김정일이 물었다.

"후지모토, 일본에도 두리앙처럼 역한 냄새가 나는 음식이 있나?"

"네, 있습니다. 생선으로는 '쿠사야'(자반 갈고등어 말린 것, 냄새가 고약함_역주)라는 음식이 있습니다."

"좋아, 그럼 이번에 일본에 가면 한번 사와 봐."

다음에 일본으로 출장을 갔을 때 나는 쿠사야를 50두 정도 사서 평양으로 돌아왔다.

얼마 후 김정일이 보는 앞에서 쿠사야를 굽게 되었다. 나는 쿠사야에는 '유카스'를 사용한다. 유카스는 유자와 카보스(유자의 일종_역주)와 스다치(밀감과 비슷한 일본 과일_역주)를 합한 소스를 말한다. 일본에서는 구운 쿠사야를 발라서 유카스를 뿌려먹는 것을 최고로 친다.

그러나 김정일은 달랐다. 입에 대는 순간 얼굴이 일그러졌다.

"웩, 이건 아냐. 못 먹겠어!"

50두의 쿠사야가 전부 내 차지가 되었다는 것은 두말할 나위도 없었다.

또 생선 초밥을 무척 좋아하는 김정일이지만 아무리 해도 못 먹는 초밥이 있었다. 바로 '낫토'를 위에 얹은 것이다. 북한에도 '썩장'이라 불리는 것이 있기는 하지만 주로 국에 넣어서 먹는다. 그런데 그것은 일본의 낫토처럼 실이 올라오면서 끈적이지 않는다. 내가 일본에서 구해 간 낫토는 쿠사야와 마찬가지로 김정일의 입에는 맞지 않는 일본 음식 중 하나였다. 김정일이 건강을 위해 먹는 것은 그리 많지 않았는데 굳이 꼽자면 말린 생선 정도일까. 같은 건어물이라도 쿠사야와는 다르게 이것은 마음에 들어 했다.

일본으로 식재료를 사러 출장을 갔다 돌아온 나를 붙잡고 김정일이 물었다.

"이번에는 무슨 맛있는 것을 가져왔나?"

"네, 이번에는 스시의 재료 외에도 밥과 함께 먹으면 맛있는 생선 말린 것을 이것저것 구해서 가져왔으니 기대하십시오."

전갱이, 꽁치, 고등어, 가자미, 꼬치고기 말린 것 등. 그것들과 빙어를 일본에서 구해 왔는데 김정일이 특히 마음에 들어 했던 것은 전갱이, 꽁치, 빙어 세 가지였다. 구운 생선에 무를 갈아서 곁들이면 김정일은 신기해하면서, "왜 이렇게 하지?"라고 물었다.

내가 "갈아 놓은 무 위에 간장 살짝 부은 것을 생선 살 바른 것과 함께 드셔보십시오. 무에 들어 있는 디아스타제가 몸에도 무척 좋고 소화도 도와줍니다. 게다가 생선 비린내도 없애 주기 때문이죠."라고 설명을 하니 김정일은 감탄한 듯 고개를 끄덕였다.

"흠, 일본은 섬세하군."

그 후부터 김정일은 생선 배를 갈라 말린 이 음식을 주문하게 되었다. 북한에서도 꽁치와 고등어는 잡히기 때문에 나는 김정일의 요리사들을 시켜 생선 배를 갈라서 바람에 꾸덕꾸덕 말리게 했다. 의외라고 생각할지 모르겠지만 북한에는 그때까지 '말린 음식' 문화가 없었다. 다만 명란젓을 수출하기 때문에 명태를 말린 북어는 옛날부터 있었던 것 같기는 하다.

김정일의 식생활을 관찰하면서 의외라고 생각했던 것은 별로 매운 음식을 좋아하지 않는다는 것이다. 김정일은 얼얼할 정도로 매운 김치를 마구 먹는, 일본인들이 상상하는 것 같은 이른바 조선민족은 아니었다. 김치를 먹기는 하는데 그 중에서도 깔끔한 물김치를 즐겨 먹었다. 김정일이 요즘 일본에서 대유행하는 매운 김치찌개 종류를 먹는 것을 나는 13년간 한 번도 본 적 없었다.

참고로, 동양의 부호들이 생선 초밥을 먹을 때는 고추냉이를 마구 짜 넣는데 비해 김정일은 반대로 고추냉이의 매운 맛을 싫어했다. 다랑어 뱃살을 먹을 때는 고추냉이를 조금 넣어도 문제가 없다. 그러나 지방기 없는 오징어 같은 경우는 고추냉이를 덜 넣도록 조심해야 한다.

김정일 앞에서 생선 초밥 만드는 것이 아직 익숙하지 않던 시절에, 한치를 얹은 초밥에 고추냉이를 너무 많이 넣어서 혼이 난 적이 있었다. 눈에 가득 눈물을 그렁거리며 김정일이 내게 말했다.

"어이, 이거 어떻게 된 거야?"

"고추냉이가 너무 많이 들어갔습니까?"

"이거 어떻게 좀 조정해 봐!"

나는 계속해서 머리를 조아려야 했다.

초밥에서 특이한 것은 살짝 불에 그슬린 송이버섯을 얹어 먹는 것을 좋아했다. 김정일이 일본 음식 중에서 제일 좋아하는 것은 초밥이고 그 다음으로 일본 전골인 스키야키였다.

스키야키는 고기 자체도 좋아하지만, 무엇보다 설탕과 간장이 든

양념 맛을 좋아하는 것 같았다. 고기 위에 끼얹는 날계란도 좋아했는데, 북한의 계란은 노른자위가 그다지 노랗지 않고 오히려 허연 쪽이다. 이것은 아마 사료가 나쁘기 때문일 것이다.

여름에 먹는 소면은 일본에서 직접 박스째 구입해 와서 사용했다. 소면을 찍어 먹는 장국은 일본에서 시판되고 있는 것은 별로 맛이 없어서 내가 평양에서 공부해서 직접 만들었다. 만족스러운 장국이 완성되었다고 보고하자 김정일로부터 전화가 와서, "즉시 가져와 봐. 맛을 보게."라고 했다. 나는 소면과 장국을 가지고 PC가 있는 김정일의 집무실에 들어갔다. 김정일은 재빠르게 소면을 4, 5가닥 집어 올려 장국에 찍더니 스르륵 입속으로 빨아올렸다.

"맛있다. OK."

그 이후에는 소면의 장국을 그 맛으로 정해 놓고 여름에는 항상 냉장고에 차게 준비해 두었다. 더 자세하게 이야기하자면 나는 소면에 참깨는 곁들이지 않는다. 참깨는 음식 맛을 삼켜 버리기 때문이다. 다만 다진 파와 생강 간 것을 곁들인다. 양하(산야초의 일종_역주)를 곁들이지 못한 것이 언제나 아쉽다.

북한에서 제일 맛있는 음식은 '쌀'

한번은 김정일의 명령으로 일본에 1박 2일로 출장을 가서 찹쌀떡 100개, 쑥떡 100개를 긴자의 미쓰고시 백화점에서 사온 적이 있었다. 그때 든 교통비와 숙박비, 기타 잡비를 합해서 나누어 보니 원래 한 개당 110엔의 찹쌀떡이 놀랍게도 한 개당 1,500엔이나 되었다.

찹쌀떡과 쑥떡은 81과(요리사들이 기본적으로 소속되는 부서)에서 검사하고 합격 통지를 받은 후에 비로소 김정일의 입으로 들어갔다.

"일본의 쑥떡은 왜 이렇게 맛있는 거야!"

김정일은 그 자리에 있던 요리사들에게 먹어 보게 한 후에 "왜 우리나라에서는 이런 맛을 못 내지?"라며 아쉬워했다.

그런데 북한의 식재료에서 가장 맛있는 것은 '쌀'이다. 아마도 일본의 어떤 쌀도 따라갈 수 없는 극상미일 것이다. 그러나 그 쌀은 일부 특권층만 먹을 수 있었다.

북한 쌀은 조금 검은색을 띠고 있다. 왜냐하면 반 정도만 도정해서 내보내기 때문이다. 도정기를 통해야만 쌀 본래의 풍미가 살아 있다는 것을 알고 있는 정부 간부들은 모두가 자기 집에 도정기를 갖고 있었다.

북한 쌀은 찰기가 있고 단맛이 나며 일본의 고급 햅쌀보다 훨씬 상등품이다. 식량난으로 척박한 땅으로 알려진 북한의 이미지와는 정반대로 윤택하고 풍요로운 맛이 난다. 따라서 납치 피해자인 하스이케 가오루 씨가 "쌀은 북한 쌀이 맛있다."라고 말한 것은 틀림없는 사실이다.

그럼에도 불구하고 각 초대소에서 사용하는 쌀의 양이 그리 넉넉한 것은 아니었다. 왜냐하면 김정일 패밀리, 비서실, 부관, 요리사, 웨이터, 남녀 농구선수, 무용수, 악단 등 많을 때는 얼추 100명이 되는 사람들이 1년에 300일 이상을 계속 그 밥을 먹기 때문이다.

따라서 쌀 소비가 너무 빠르다 싶으면 아침 식사는 빵이나 컵라면

(!)으로 하라는 지령이 떨어진다.

　김정일은 주먹밥도 좋아했다. 북한의 쌀은 초밥용으로는 적합하지 않지만 이 쌀로 만든 주먹밥은 정말 환상적이었다.

　김정일은 주먹밥에 함께 나오는 단무지에도 까다롭게 굴었다. 어떤 날은 "단무지 좀 가져와."라고 해서 초밥용 단무지를 썰어서 냈더니, "이게 아니야. 이건 스시용 단무지잖아. 노란색 단무지를 가져와!"라며 퇴짜를 놓았다.

　"장군님에게는 저도 두 손 들었습니다."

　나는 정말 두 손을 들고 말았다.

알몸의 무희들, 절대 만져서는 안돼

　이번에는 일본 매스컴 보도로 이미 유명해진 '기쁨조'에 대해서 이야기해 보기로 하겠다.

　그들의 명칭을 '기쁨조'라고 부르는데 엄밀하게 말하면 잘못된 것이다. 정확하게는 '기쁨을 주는 조'가 맞다. 그녀들은 김정일을 '기쁘게' 하기 위해 존재하기 때문이다.

　김정일이 데리고 있는 '기쁨조'라 불리는 무도 집단은 여섯 개 조로 나뉘어져 있다. 신장에 따라 대여섯 명이 한 조로 되어 있다. 155센티미터 조, 160센티미터 조, 165센티미터 조, 170센티미터 조로 구분되어 있다. 각각의 조에는 무슨 무슨 조라는 이름이 붙어 있다.

　또 북한에는 보천보 악단과 왕재산 악단의 두 악단이 대중 악단으로 유명한데, 이 악단들에 소속된 가수들이 많다. '기쁨조'는 왕재산 악단에 소속되어 있다.

평양의 연회에서는 '기쁨조'가 모두 출연하는데, 각 초대소의 연회 때에는 김정일이 좋아하는 감(?)조와 진달래조 두 조를 데려간다. 평양의 8번 연회장에서는 '기쁨조' 여성들이 불려와 화려한 춤을 자주 선보였다. 무대에는 조명 장치가 있고 바닥에도 수많은 조명들이 화려하게 반짝거린다. 그들은 일본 TV에서 자주 방영되는 오락 프로그램의 출연자들처럼 반라에 가까울 정도의 선정적인 의상을 입는다. 나는 지금까지 그보다 더 화려한 장면을 직접 본 일이 없을 정도로 그들의 의상과 몸짓은 현란했다.

공연을 바라보면서 김정일은 "이번 춤은 제법 귀엽구면." 하는 말을 자주 했다. 공연이 끝나면 책임자가 김정일에게 가서 감상을 묻고 메모를 했다. 그 과정에서 "다음에는 이 곡으로 하자."는 식으로 모든 결정이 이뤄진다고 한다. 모든 것이 김정일의 뜻에 따라 움직였

▲ 왕재산 경음악단 무용단의 공연 모습. 선정적인 의상과 스트립쇼를 연상케 하는 안무로 화제를 일으켰다. '기쁨조'는 이 악단 소속이 많았다

다. 신천초대소에서 열린 연회에서 있었던 일이다. 디스코 춤을 추고 있는 다섯 명의 기쁨조에게 김정일이 다가가더니 느닷없이 명령을 내렸다.

"옷을 벗어!" 무희들이 천천히 옷을 벗고 있는데, 김정일이 다시 명령했다. "브래지어와 팬티도 벗어!" 이번에는 무희들도 놀라며 당황하지 않을 수 없었다. 하지만 장군님의 명령을 거역할 수는 없는 노릇이었다. 그들은 쑥스러워하면서도 마지막 옷까지 전부 벗고서 알몸으로 춤을 추었다. 그러자 김정일이 간부들에게 지시했다. "너희들도 같이 춰." 그는 내게도 함께 춤을 추라고 명령했다.

김정일이 또다시 명령했다. "춤을 추는 건 좋지만 만져서는 안 돼. 만지면 도둑이야." 김정일에게 기쁨조의 무희들은 딸이나 마찬가지였을지도 모른다. 나는 "기쁨조 여성들은 밤 시중도 드는가?"라는 질문을 자주 받는다. 김정일은 간부들에게도 절대 무희들을 만져서는 안 된다고 할 정도여서 그런 일은 없을 것이라고 생각한다. 실제로 내가 아는 범위 내에서는 기쁨조 여성들이 '밤 시중'을 드는 일은 없었다. 원산에서는 그녀들에게 승마 연습까지 시켰을 정도로 애정을 쏟았다.

그 중 한 사람은 여정 아가씨의 놀이 상대로 지명되어 외국으로 수행하곤 했다. 예전에는 보천보의 가수인 김정녀가 여정 아가씨의 놀이 상대였다. 원산에 가면 김정일의 저택에서 김정녀가 거주하며 지냈는데 어느 순간 퇴출당하고 볼 수 없었다. 여정 아가씨의 변덕 때문에 어쩔 수가 없었다고 한다. 그렇다고는 하나 여정 아가씨의 놀이

상대로 지명된 그녀들의 초대소 생활은 천국과 다름없었다.

다음은 '기쁨조'의 스케줄이다.

평양에 있을 때의 그녀들은 아침 7시에 식사를 하고 8시부터 춤 연습, 12시에 점심을 먹고 낮잠을 잔다. 오후 3시에 일어나서 간식을 먹은 다음 4시부터 다시 춤 연습을 한다. 6시 반에 저녁 식사를 하고 7시 반부터 10시까지 다시 연습이 이어진다.

가혹한 연습의 연속이지만 그래도 초대소에 불려가기만 하면 천국과 같은 나날들이 기다리고 있다. 저녁에는 윷놀이를 하고 김정일 패밀리한테서 용돈을 받는 즐거운 나날을 보낼 수 있는 것이다. 밤에는 대개 외국 영화를 보고 나서 자기 방으로 돌아가 잠을 잔다. 북한에서는 TV 외에 외국 영화는 기본적으로 초대소에서밖에 볼 수 없다.

그런데 어느 날 저녁 식사 때에 김정일이 이렇게 말했다.

"오늘은 기쁨조의 '감조'와 '진달래조'가 하는 농구 시합이 보고 싶다."

감조에는 여정 아가씨의 놀이 상대가 있기 때문에 감조 코치로는 정철, 정은 왕자가 맡았다. 한편 진달래조의 코치로 나와 농구선수 중 한 사람이 임명되었다.

호루라기가 울리고 시합이 시작되었다. 두 팀의 선수들은 개시 후 5분 정도까지는 제대로 규칙을 지키고 드리블을 하며 전진했다. 그러나 5분이 지나자 드리블을 하지 않고 볼을 가진 채로 달려가서 슛을 하게 되었다.

경기장은 웃음바다가 되었지만 플레이는 점점 거칠어지고 있었다.

홀딩은 하지, 볼 하나를 가지고 네다섯 명이 들러붙어 서로 뺏고 뺏기는 모습은 마치 레슬링을 보고 있는 착각이 들 정도였다.

게임을 관전하던 사람들은 배꼽을 잡고 깔깔대며 웃었다. 정작 당사자인 두 조의 여성들은 필사적이 되어 싸우는 바람에 온몸이 땀으로 흠뻑 젖었다. 너무 열중해서 싸우다 보니 자기도 모르게 손이 얼굴에 닿게 되고, 그러다보니 서로 치고 박는 일까지 벌어졌지만 그때는 가차 없이 심판이 호루라기를 불어서 큰일로는 이어지지 않았다. 그렇다고는 하나 실로 볼 만한 게임이 펼쳐졌다.

디스코 춤과 김연자의 노래를 좋아하다

원산초대소에 있을 때에 이런 일도 있었다. 어느 날 신인 무용수 그룹이 소개되었다. 처음 보는 네 명의 디스코 팀이었다.

짧은 바지 차림에 스니커 슈즈를 신고 경쾌한 움직임으로 두 곡 내리 춤을 추었다. 한참 숨을 몰아쉬는 그녀들에게 김정일이 물었다.

"이름, 나이, 출신지는 어딘가?"

그들 모두가 열다섯 살부터 열여섯 살이었는데, 김정일의 평가는 이랬다.

"그런대로 추기는 하지만 좀 더 연습하지 않으면 안 돼. 외국에 나가서 공부 좀 하고 와야겠어."

이 말로 인해 그녀들에게는 3개월간의 해외 연수 기회가 주어졌다. 이것은 김정일의 최고 칭찬 방식이었다. 다시 말해서 그녀들이 보여 준 춤을 좋게 평가한 것이다. 네 명의 신인 무용수들은 실력도

▲ 중앙이 김정일이고 왼쪽이 김연자 오른쪽은 그녀의 매니저로 보인다
(2001년 4월 12일자 신문)

▲ 평양에서 공연하는 김연자

있지만 운도 좋았다.

김정일이 좋아하는 춤은 1위가 디스코이고 그 다음이 인도 무용이었다. 인도 무용이 의외라고 생각될지 모르지만 북한에서는 꽤 인기가 있었다. 왜냐하면 북한 일반 가정의 TV 방송에서 볼 수 있는 외국 영화는 러시아, 쿠바, 그리고 인도 영화이기 때문이다.

최근의 인도 영화는 오직 춤과 노래뿐이지만 예전에는 러시아, 쿠바처럼 사상적인 영화가 많았다. 그 다음은 반일감정을 그대로 드러내는 중국 영화도 가끔 방영되었다.

요즘 '보이스 피싱' 사기 피해자가 속출하고 있지만 사실 북한에서도 비슷한 전화 사기 사건이 일어난 적이 있다.

1995년경부터 피바다가극단에 소속된 한 여성 가수가 김정일의 연회석에 불려가게 되었다. 김정일은 이 가수를 매우 마음에 들어 하는 것 같았다. 그 후에도 여러 번 불려 다녔는데, 대여섯 번째 되는 때에 놀랍게도 그녀에게 캐딜락을 선물했다. 그녀는 귀국한 재일교포, 즉 조총련 출신으로 이름은 조청미다.

김정일은 가수의 기교 따위에는 별로 흥미를 보이지 않았고 감정이 들어가지 않은 노래는 용납하지 못했다. 반대로 감정이 전해지는 노래에는 다른 사람보다 훨씬 깊은 만족도를 느끼는 타입이었다. 물론 조청미는 후자의 경우다.

또 김정일은 한국 가수 김연자의 열렬한 팬이기도 했다. 그녀가 감정을 다해 온몸으로 노래하는 모습에 홀딱 반한 것 같았다. 그래서 몇 차례나 북한으로 불러들여 노래를 부르게 했다.

조청미가 김정일로부터 캐딜락을 선물 받았다는 소문은 곧바로 피바다가극단 전체로 퍼졌고 순식간에 온 평양에 퍼졌다.

그런 조청미가 연회 중에 나와 듀엣으로 '동행'을 불렀던 적도 있다. 또 내가 지하 식당에서 일할 때 내 앞 카운터에 그녀가 앉았던 적도 있었다. 일본인 모친과 함께였다. 그 어머니와 내가 평양의 골프장에서 함께 공을 친 적도 있었다.

그런데 어느 날 밤 10시 반경에 조청미의 집 전화벨이 울렸다. 수화기를 들었더니, "나다. 김정일이다!"라고 말했다. 조청미는 처음으로 김정일로부터 전화를 받게 되어 다소 긴장하고 있었다. 수화기 저편의 김정일은 이렇게 말했다.

"갑자기 일본 엔이 필요하게 되었다. 30만 엔을 만수대예술극장 문에서 다섯 번째 소나무 아래에 놓고 돌아가라. 알겠나?"

조청미는 김정일이 게임이라도 하고 있는 줄 알았다고 한다. 그래서 한 치의 의심도 없이 30만 엔을 봉투에 넣어서 불과 10분 만에 시킨 대로 일을 끝내고 아파트로 돌아왔다.

전화 통화는 모두 도청

그리고 그 다음 날 그녀는 김정일로부터 연회에 초대받아 갔는데, 30분이 지나도 1시간이 지나도 김정일이 전날 밤 일에 대해서 한마디도 언급하지 않는 것을 수상하게 생각했다. 자리에서 일어난 조청미는 서기실의 김창성에게 그 사실을 얘기했다. 사건을 보고 받은 김정일은 사건의 내용을 그 자리에서 발표했다. 김정일은 나를 보더니,

"후지모토가 전화한 것은 아니지?"라고 말했다. 나는 "그녀의 전화번호도 모릅니다."라고 대답하자 김정일은 "농담이야."라며 쓴웃음을 지었다. 이어서 김정일은 이렇게 말했다.

"어이, 후지모토. 내가 너에게 전화걸 때 어떻게 하는지 말해 봐!"

내가 대답했다.

"항상 제가 수화기를 들면 '후지모토, 이 바보야(바카야로)!' 라고 말씀하십니다." 그 말을 듣고 간부들 모두가 웃었다. 김정일은 내 말에 고개를 끄덕였다.

"맞다. 나는 김정일이라는 이름을 말한 적이 한 번도 없다. 나중에 조사해 보자."

그 사건에 관한 화제는 거기서 끝났고, 그 후 반 년 동안 조청미의 모습은 연회장에서 사라졌다. 조사가 시작되었고 제일 먼저 혐의를 받은 사람은 조청미의 전 남편이었는데 결백하다는 판명이 났다. 결국 그로부터 한 달 정도 지나서 진범이 붙잡혔다. 범인은 영화대학의 더빙과의 학생이었다. 그 후 그가 어떻게 되었는지에 대해서는 나도 모른다. 그러나 김정일의 이름을 들먹였으므로 죄가 가볍지는 않을 것이다.

북한에서는 전화의 통화 기록은 물론 통화 내용 모두가 도청되어 기록으로 남게 된다는 사실이 상식으로 통한다. 즉 '그녀의 집에 몇일 몇 시 몇 분에 전화가 걸려 왔는지' 만 파악되면 전화를 건 사람은 쉽게 알아낼 수 있는 구조로 되어 있는 것이다. 역시 북한은 무서운 곳이라는 것을 재확인하게 되었다.

제4장

왜 삼남이 후계자가 되나?

너무나도 대조적인 두 사람, 정철 · 정은 대장
김정일은 일찍부터 '후계자는 정은'으로 점찍어 놓았을까?

정남은 왜 일찌감치 후계자 레이스에서 탈락했나?

이제 관심의 초점인 김정은 후계 체제에 대한 이야기로 들어가 보기로 하자.

나는 2003년 처음으로 매스컴에 등장한 이래로, 또 그 후에 나온 책들에서도 김정일의 후계자는 삼남 정은 대장이 될 것이라는 견해를 일관되게 주장해 왔다. 하지만 당시의 매스미디어와 대부분의 북한 연구자들은 유력한 후계자로 장남인 정남이나 차남인 정철 대장을 예상하고 있었다. 막내아들 정은 대장을 후계자로 보는 사람은 나뿐이었다.

특히 정남에 대해서는 나는 처음부터 후계자 후보로 가능성이 희박하다고 생각하고 있었다. 앞 장에서도 언급했지만 여기서는 그 이유를 좀 더 구체적으로 얘기해 보기로 하겠다.

▲ 김정일의 무관심 속에서 쓸쓸하게 생을 마감한 성혜림

정남은 여배우 출신이자 유부녀였던 성혜림과 김정일과의 사이에서 태어난 아들이다. 성혜림이 출연한 영화를 보고 그녀가 맡은 배역에 감동한 김정일이 결과적으로는 권력을 배경으로 자신의 여자

로 만든, 이른바 '약탈혼'이었다. 그녀가 남의 아내의 몸으로 주저함 없이 그를 받아들인 것은 김정일의 젊은 혈기 때문이었을 것이다. 그러나 결국에는 사랑이 식어 버렸고, 성혜림은 정신병을 얻어 러시아의 병원에 입원하게 된다. 처음에는 김정일이 생활비를 보내 주었지만 도중에 조금씩 줄어들다가 마침내 송금을 중단한 것으로 보인다. 요컨대 '버린 것'이다.

아무리 장남이라고는 하지만 그런 성혜림과 사이에서 낳은 자식인 정남을 후계자로 지명할 수는 없을 것이다. 뿐만 아니라 간부들에게는 정남의 존재를 애써 감추려 한 것으로 보인다. 그렇지 않고서는 내가 김정일 곁에 있었던 총 13년 동안, 당의 최고 간부나 군대장들이 모인 파티에 정남이 한 번도 참석하지 않을 리 없기 때문이다.

그런 내 생각이 맞다면 김정일의 머릿속에서는 일찌감치 정남을 후계자 후보에서 제외시킨 것이 아닐까. 그리고 가장 오랜 기간 동안 옆에 두고 아껴 온 부인 고영희와의 사이에서 태어난 정철 대장, 정은 대장 중 한 사람을 후계자로 만들 생각을 한 것은 아닐까. 두 사람 중에 누가 김정일의 눈에 들었을까. 내 생각에는 틀림없이 정은 대장 쪽이다.

2008년 9월에 김정일의 건강 상태 악화설이 보도되었고, 2009년에는 북한 내에서 정은을 후계자로 삼기 위한 움직임이 이어지고 있는 듯 보였다. 특히 정은 대장을 찬양하는 노래 '발걸음'이 북한 전역에 보급되고 있다고 했다. 이 노래는 정은 대장의 아홉 살 생일에 맞춰 만들어진 것으로, 그 사실을 2009년에 처음으로 밝힌 것이 바로 나였다.

처음 노래를 들었을 당시에는 깊이 생각하지 않았는데, 지금 생각해 보면 '발걸음'의 가사 안에는 정은 대장에 대한 김정일의 강한 기대감이 담겨 있다. '발걸음'이 처음으로 발표되던 날의 일이 지금도 뇌리에 생생하게 남아 있다.

아홉 살 생일 때 발표된 노래 '발걸음'

1992년 1월 8일, 아침부터 원산초대소는 정은 대장의 생일잔치 준비로 분주했다. 서기실을 담당하고 있던 이명제 부부장(副部長)이 준비를 진두지휘하고 있었다.

생일잔치 때 정은 대장에게 꽃다발을 증정하는 세 명의 소녀와 그 양 옆에 설 예정인 간부 세 명, 그리고 나는 곧 하게 될 축하 인사를 두세 번 큰 소리로 연습하고 있었다.

"작은 대장 동지, 대장님이 태어나신 지 9년째 되신 날을 축하드립니다. 앞으로도 건강하시기 바랍니다. 축하드립니다."

▲ '발걸음' 삽화가 그려진 악보를 보고 있는 김정일과 그 악보

오전 11시 반이 되자 김정일이 파티 회장의 문을 열고 들어왔고, 뒤이어 정은 대장, 그 다음으로 정철 대장과 여정 아가씨, 그 뒤를 부인 고영희와 옥이 동지가 따라 들어왔다. 늘어선 간부들의 박수 소리가 멈출 줄 모르고 계속되었다. 늘 하듯이 김정일이 양손으로 그만하라는 제스처를 취하자 박수가 멈췄다.

아홉 살이 되는 정은 대장은 검정색 양복 차림에 나비넥타이를 매고 수줍은 듯한 미소를 띠고 있었다.

꽃다발 증정과 축하 인사가 끝나자 정은 대장은 "고맙습니다."라며 간부 일동에게 말을 건넸다. 그 후에 패밀리와 간부들은 무대가 있는 연회장으로 이동했다.

연회장의 크고 긴 타원형 테이블 바로 옆에 서기실 직원용 테이블이 있었다. 그곳에 내 이름표가 놓여 있는 것을 보고 그 자리에 앉으려고 하다가 나는 여느 때와는 다른 뭔가를 발견했다. 테이블 위에는 메뉴와 함께 가사가 쓰인 종이가 놓여 있었던 것이다. 제목은 '발걸음'이라고 적혀 있었다.

전원이 자리에 앉는 것을 기다렸다는 듯이 최고 간부인 김용순이 축하 인사를 했다. 그리고 전원이 잔을 들고 정은 대장과 한 사람 한 사람씩 '건배' 예식을 거행했다. 드디어 대열의 가장 마지막 자리에 서 있던 내 차례가 돌아왔다.

"작은 대장 동지, 생신을 축하드립니다."

축하 인사를 하면서 나는 정은 대장의 눈에 뭐라 형언할 수 없는 번득임 같은 것을 본 것 같은 느낌이 들었다.

무대의 막이 오르자 보천보(普天堡) 전자악단의 노래와 연주가 시작되었다. 그때 악단이 부른 노래가 바로 테이블 위에 놓여 있던 '발걸음'이었다. 그 노래는 한번 들으면 따라 부를 수 있을 만큼 쉽고 경쾌한 리듬의 노래였다. 연회장은 금세 '발걸음'을 부르는 대합창의 장이 되었다. 이 노래는 김정일이 정은 대장에게 보내는 이른바 생일 선물이었던 셈이다.

김정일의 신호로 서너 번 계속해서 합창한 후에 보천보 전자악단 단원과 작사가, 작곡가 두 사람에게 김정일 장군으로부터의 '치하의 말'이 이어졌다.

"작은 대장에게 이런 노래를 만들어 줘서 고맙군."

정은 대장도 "고맙습니다."라고 인사했다.

그 후에 연회가 시작되었고 늘 하던 대로 무대에 측근들과 기쁨조 등이 올라가서 장기자랑을 펼쳤다.

'지도자'를 시사하는 '발걸음'의 가사

사실 정철 대장과 여정 아가씨에게도 그들을 찬양하는 노래가 만들어졌었다. 정은 대장에게만 특별히 만들어 준 것은 아니었으며, 이 날도 김정일이 왜 이런 노래를 만들었는지에 대한 설명은 특별히 없었다.

그러나 간부들 중에는 그것의 깊은 의미를 깨달은 사람이 있었을 것이다. 당시에는 후계자 문제 같은 것은 생각지도 못했지만, 새삼 '발걸음'이라는 가사를 되새겨 볼 때 가사 안에 깊은 의미가 감춰져 있다는 사실을 깨닫게 된다. 지금 북한에서 널리 불리고 있는 '발걸음'의 가사를 3절까지 살펴보자.

1절

척척 척척척 발걸음

우리 김 대장 발걸음

2월의 정기를 뿌리며

앞으로 척척척

발걸음 발걸음 힘차게 구르면

온 나라 강산이 반기며 척척척

2절

척척 척척척 발걸음

우리 김 대장 발걸음

2월의 기상 떨치며

앞으로 척척척

발걸음 발걸음 힘차게 한번 구르면

온 나라 인민이 따라서 척척척

3절

척척 척척척 발걸음

우리 김 대장 발걸음

2월의 위업 받들어

앞으로 척척척

발걸음 발걸음 더 높이 울려 퍼져라

찬란한 미래를 앞당겨 척척척

아홉 살 생일 때 발표할 당시의 가사는 '김 대장' 부분이 '작은 대
장'으로 되어 있었다. 당시의 가사를 보관하고 있지 않으므로 지금
불리고 있는 '발걸음'의 가사와 당시의 것을 정확하게 비교할 수는
없지만, 내 기억으로는 '김 대장' 이외의 부분은 거의 같은 것 같다.

독자들도 눈치를 챘겠지만 가사를 보면 '김 대장'이 인민의 지도
자임을 시사하고 있는 것이 분명하다. 또 나는 정은 대장의 아홉 살

▲ 필자가 탔던 자동차의 번호판은 '2168345'로, 메르세데스 벤츠였다. 딸과 함께

생일에 노래를 만든 것도 큰 의미가 있다고 생각한다. 왜냐하면 김정일은 '9'라는 숫자에 유난히 집착하기 때문이다.

당시 김정일은 바카라에 푹 빠져 있었는데, 바카라는 끝자리가 '9'에 가까울수록 유리한 게임으로 '9'는 좋은 숫자이다. 또 김정일의 생일은 2월 16일로 이 숫자를 모두 더하면 '9'가 된다. 김정일은 자동차 번호까지 '9'에 집착했다. 김정일의 전용 벤츠의 자동차 번호는 '2165555'로 생일인 '216'으로 시작해서 숫자를 모두 더하면 '29'로 마지막 한 자리가 역시 '9'가 된다. 참고로 나의 벤츠 자동차 번호는 '평양 899'로 '9'가 두 개나 들어가 있다.(맨 처음 받은 번호는 '2163333'이었는데, 나중에 이 번호는 폐지되었고 다음 번호가 '2168345'였다. 이것도 역시 숫자를 다 합하면 마지막 자리가 '9'가 된다.)

정철 대장과 여정 아가씨를 위해 만든 노래는 잘 기억나지 않는다. 형과 여동생의 노래보다도 '발걸음'이 멜로디 면에서나 가사 면에서 훨씬 친근해 기억하기 쉽기 때문이다.

두 왕자의 대조적인 체형과 성격

정철, 정은 두 왕자는 사이가 무척 좋았는데 체형이나 성격은 무척 대조적이었다. 정은 대장은 김정일을 닮아 뚱뚱한 체형이고, 10대 중반에는 키가 다소 자랐지만 10대 후반에는 허리 둘레가 튼실한 체형이 되어 있었다. 형인 정철 대장은 모친 고영희를 닮았는지 늘씬하면서 근육질 체형이었다.

얼굴은 확실히 정은 대장이 김정일을 더 빼닮았다. 어른이 되고 나서는 어딘지 모르게 프로골퍼인 가타야마 신고(片山晋吳)를 연상시키는 예리하고 날카로운 미남으로 변했다. 물론 정철 대장도 잘생겼다. 고영희를 닮아 갸름하게 생긴 미남형으로 일본의 연예인으로 말하자면 자니즈(일본의 유명 프로덕션 사장으로 SMAP나 아라시 등의 인기 남자 아이돌이 대거 소속되어 있다._역주) 계의 얼굴이라 할 수 있을까.

두 사람 모두 운동신경이 뛰어나지만 성격은 정철 대장이 더 얌전했다. 반면에 정은 대장은 첫 대면 때의 행동에서도 잘 나타나듯이 승부욕이 강하고 응석기가 좀 있었다.

1991년, 정은 대장이 여덟 살 때 중국과의 국경 근처에 있는 창성 초대소에서 이런 일도 있었다.

정은 대장, 정철 대장, 고영희 여동생의 장남, 그리고 나 이렇게 넷이서 술래잡기를 하다가 갑자기 배가 살살 아파 와서 나는 화장실로 뛰어갔다. 그런데 그 화장실 문에는 안쪽에 잠금 장치가 없었다. 게다가 화장실의 창문이 중간 위쪽으로는 불투명 유리로 되어 있어서 밖에서 얼굴을 갖다 대면 내부를 볼 수 있게 되어 있었다.

그 안에서 끙끙대며 볼일을 보던 나를 발견한 정은 대장은 슬슬 장난기가 발동하기 시작했다. "후지모토, 빨리 나와!"라고 소리치면서 유리에 얼굴을 댄 채 몇 번이고 문을 마구 흔들어 댔다. 나는 안에서 문이 열리지 않도록 손잡이를 꽉 붙잡은 채 안간힘을 썼다. 그리고 나서 나는 용변 보는 모습을 들킨 것이 창피해서 쉽게 나갈 수도 없어 얼굴이 벌겋게 달아올랐다. 정철 대장이라면 이런 장난은 치지 않았을 것이다. 이때의 에피소드를 나중에 김정일에게 이야기했더니, 화장실 유리문을 밖에서 보이지 않는 것으로 당장 바꾸어 달고 안쪽에 잠금 장치도 달도록 명령했다.

두 왕자들 중에서 어떤 놀이를 하자고 먼저 말을 꺼내는 사람은 언제나 정은 대장 쪽이었다. 정철 대장이 형임에도 불구하고 동생에 비해서 자신의 의견을 내세우는 일은 별로 없어 보였다.

"내가 아직도 유치원생인 줄 알아?"

승부욕 강한 정은 대장의 성격을 엿볼 수 있는 일이 이밖에 또 하나 더 있다.

1991년이나 1992년이었던 것으로 기억한다. 정은 대장이 '오델로 게임'(구슬이 점차 아래로 떨어지면서 마지막까지 살아남는 게임. 김정일 패밀리는 이것을 '오델로 게임'이라고 불렀다.)에 열중하고 있었다. 서서 보고 있던 정철 대장이 "이렇게 해 봐." 하고 말하는 대로 따라했는데 구슬을 놓치고 말았다. 화가 난 정은 대장은 놓친 구슬을 형의 얼굴을 향해 던졌다.

다행히 큰일은 없었지만 그때 나는 정은 대장의 과격한 면을 보고 깜짝 놀랐다. 더욱 놀라운 것은 그런 일을 당했는데도 여전히 히죽히죽 웃으며 서 있는 정철 대장의 온화한 성격이었는데, 그런 모습이 인상적이었다. 보통 그런 일이 터지면 형제들끼리 들러붙어 한바탕 싸움이 벌어졌을 터인데 형과 동생의 성격은 그 정도로 많이 달랐다.

정은 대장이 스무 살이 되기 조금 전인 1992년 10월경에는 이런 일도 있었다. 이모님이 평소대로 정은 대장을 '작은 대장'이라고 불렀다. 그때 정은이 갑자기 큰소리로 화를 내며 "내가 아직도 유치원생인 줄 알아?"라며 이모님을 쏘아보았다. 언제나 형 밑에서 '작은 대장'이라 불리어 온 것이 이날따라 참기가 힘들었던 것일까.

그날 이후로 나는 정은 동지를 '작은'을 빼고 '대장 동지'라고 불렀다. 그렇게 불렀더니 정은 대장이 무척 좋아하는 기색이었다. 서기실의 김창순 부부장에게 이 이야기를 했더니 다른 간부들에게도 이야기가 전해졌는지 이제는 모두가 '정은 대장'을 '대장 동지'라고 부르게 되었다. 정은 대장의 과격한 기질이 그대로 드러난 잊을 수 없는 에피소드다.

도처에서 드러난 리더십

정은 대장은 10대 중반이 되자 놀이를 할 때도 리더십을 유감없이 발휘하게 되었다. 제트스키가 끄는 바나나보트에 대여섯 명이 타고 차례로 바다로 뛰어드는 놀이를 할 때도 정은 대장은 솔선해서 뛰어들곤 했다. 다른 사람에게 무언가를 시킬 때는 항상 자신이 먼저 선두에 서곤 했던 것이다.

내가 깜짝 놀랐던 것은 농구 시합을 할 때 정은 대장의 대응이다. 초대소 안에서 농구 시합을 할 때가 있는데, 시합이 끝나면 정은 대장은 반드시 자신의 팀에서 반성회를 열어 함께 뛰었던 '선수들'에게 어디가 좋았다거나 잘못되었다는 것을 지적했다. 멋진 플레이를 보여 준 선수는 지명을 해서 "아까 그 패스는 아주 좋았어."라며 손뼉을 치면서 칭찬해 주었다. 한편 실수한 선수에게는 잘못된 점을 구체적으로 일러주면서 무섭게 꾸짖었다.

사리판단이 분명해서 칭찬해야 할 때는 칭찬을 하고, 야단을 쳐야 할 때는 야단을 친다. 10대 중반에 그런 일이 가능한 것만으로도 대단한데, 자신이 호되게 질타한 선수에 대해 나중에 내게 이렇게 말할 때는 정말이지 놀라지 않을 수 없었다.

"내가 아까 그렇게 호되게 혼을 냈는데 괜찮을까? 다시 잘할 수 있을까?" 하면서 후후후 미소를 지어 보였다.

그 모습을 보고 나는 정은 대장이 화를 낼 때도 나름대로 계산을 하고 있다는 사실을 알게 되었다. 요컨대 상대로 하여금 자신의 부족한 부분을 깨닫게 해서 다음부터는 혼나지 않도록 노력하게 만들려는 것이다. 나는 정은 대장의 생각을 헤아려서 이렇게 대답했다.

"역시 화를 낼 때는 화를 내야 합니다. 그렇게 해야 기술이 향상되는 거 아니겠습니까?"

정은 대장은 자신의 기분을 알아준 것이 고마웠는지 "그렇지, 후지모토!"라며 미소를 지었다.

정은 대장은 그저 단순히 남들의 선두에 서고 싶어 하는 것이 아니었다. 벌써 10대 중반부터 사람의 마음을 사로잡는 기술을 터득하고 있었던 것이다. 나는 그 사실이 그저 놀라울 따름이었다.

그에 비해서 정철 대장은 시합이 끝나면 "수고했다. 해산!"이라고 말하면서 곧바로 돌아갔다.

또 당시에 정은 대장은 가끔 주변 사람들에게 예의 없는 태도를 보이곤 했다.

1998년경이었을 것이다. 당시 원산초대소에는 안신(혹은 안심_역주)이라는 김일성의 부관을 지낸 인물이 머물고 있었다. 그는 그때 이미 60세로 일찍이 김일성의 신임을 받았었는데, 김일성이 사망하자 할 일이 없어졌기 때문에 김정일의 배려로 가끔 초대소에 불려가서 휴식을 취하곤 했다.

안신은 키가 160센티미터를 조금 넘을 정도로 부관으로서는 작은 몸집을 가졌다. 어느 날 정은 대장이 옆에 있던 안신을 발로 툭툭 차면서 내게 이렇게 물었다.

"대원수님(김일성)은 왜 이런 땅딸보를 부관으로 삼은 거지?"

왕자라고는 하지만 10대 중반의 소년이 60세가 넘은 안신을 발로 차며 놀리는 것은 아무리 좋게 본다 해도 도가 지나쳤다. 그렇게 생각한 나는 대장에게 이렇게 말했다.

"대원수님은 키 작은 '안신'을 데리고 다니면서 '안심'했던 것이 아닐까요?"

서투른 익살로 정은 대장을 가볍게 나무라려는 의도였다. 그 말을 들은 정은 대장도 납득을 한 것 같았다. 안신은 기쁜 얼굴로 "고맙습니다."라며 내게 머리를 조아렸다. 남들보다 뛰어난 자질을 가진 정은 대장이었지만, 내가 보기에는 젊은 패기가 지나쳐서 부족한 부분이 많이 있었다. 그런 부분을 정은 대장이 조금이라도 알아차려 주었으면 하는 마음이 내게는 있었다.

스위스 유학 중에 언어 장벽에 부딪혀 친구가 많지 않았던 정은 대장이 친한 친구 몇 명에게 자신이 김정일의 아들이라는 사실을 밝히고 만(〈요미우리신문〉 2009년 6월 16일자 석간) 것도 젊은 패기 때문이었을 것이다. 김정일로부터 절대로 입 밖에 내지 못하도록 명령받은 일급비밀이었을 텐데 발설을 하고 만 것이다. 이런 것을 볼 때 누구도 어떻게 손 쓸 도리가 없는 부분이 있는 것 같다.

북한에서는 항상 모든 사람의 중심에 서 있던 정은 대장이 특별한 대우도 받지 못하고 마음 터놓을 친구들도 없는 낯선 이국땅에서 외로움을 느꼈을 것이다. 몇 명이라도 함께할 친구들이 필요했을 것이고, 친구들한테 뻐기고 싶은 마음에서 자신의 신상에 대해서 이야기했을 것이다.

이렇게 젊은 패기로 걷잡을 수 없는 성격을 가진 정은 대장이지만 내게는 늘 세심하게 신경을 써 주고 잘해 주었다.

2000년 7월 16일, 북한에 있어서는 성지와 다름없는 북한과 중국의 국경에 위치한 백두산에 김정일 패밀리와 함께 올랐다. 산 정상에 도착하자 정은 대장이 "저쪽으로 가자."고 말하며 이끌기에 무슨 일인가 싶어 따라갔더니 함께 서서 소변을 보자는 것이었다. 나는 평양의 8번 연회장의 화장실에서 김정일과도 나란히 서서 소변을 본 적 있기 때문에 북한의 정치적 선전 투로 말하자면, 실로 '대를 이어' 그 일을 하게 된 셈이다. 적어도 북한의 절대 권력자의 아들과 '그 일'을 한 것은 아마 내가 처음이자 마지막이 아닐까 싶다.

산 정상 부근에 때마침 안개가 끼어 있었는데, 나는 조금 쑥스럽기도 해서 정은 대장에게 "혹시 제 것 보셨습니까?"라고 물었더니, "안 봤어."라고 대답했다. 그때 정은 대장이 나를 배려해서 그렇게 대답했다는 생각이 들어 무척 기분이 좋았다.

정은 대장이 내게 다정하게 대해 준 적은 그밖에도 또 있었다. 묘향산초대소에 머물고 있을 때였다. 김정일과 측근들이 외출하게 되면서 나는 초대소장 대신 전화당번을 하면서 동시에 두 왕자들의 놀이 상대를 하도록 명령받았다.

김정일 일행이 외출을 한 지 이삼 일이 지나자 식사 때 마실 맥주가 떨어지고 말았다. 나는 그 사실을 무심코 정은 대장에게 이야기했는데, 그 후 며칠이 지나자 밤에 갑자기 정은 대장이 내 방으로 불쑥 찾아왔다. 방문 앞에 서 있던 정은 대장은 양쪽 바지 주머니에서 하이네켄 큰 병 두 병을 꺼내더니 내 앞으로 내밀었다.

"이거 마셔."

다정함과 세심함은 자신의 엄마를 닮은 걸까. 고맙다는 인사를 하고 하이네켄을 받아든 나는 울컥 눈물이 날 뻔했다.

음악과 여자에 흥미를 보인, 큰 왕자

나는 형인 정철 대장과도 친하게 지냈는데, 형은 농구뿐 아니라 음악에도 흥미가 많았다. 또 전자기타와 앰프를 갖고 있어서 연주도 했다. 내가 기타를 빌려서 '북국(北國)의 봄'을 연주했더니, "후지모토, 꽤 하는데?"라며 칭찬을 해 주기도 했다.

2006년에는 독일에서 에릭 클랩튼의 공연에 나타난 정철 대장의 모습이 TV 방송국 카메라에 포착되었다. 이때의 영상을 보면서 내가 '어라?' 하며 이상하게 생각했던 것은 어릴 적부터 근육질이었던 정철 대장의 몸이 뚱뚱하게 변했기 때문이다. 예전에는 장 클로드 반담을 좋아해서 프로틴 등의 스포츠 음료를 마시며 트레이닝을 열심히 하여 근육질 몸매를 유지했었다.

독일에서 찍힌 그 영상을 보니 정철 대장 옆에는 아리따운 여성이 있었다. 이때는 정철 대장도 벌써 20대 중반에 들어섰을 때다. 당시에 결혼을 했는지는 모르겠지만 그의 곁에 아름다운 여인이 있다고 해도 이상한 일은 아니다.

정철 왕자는 10대 때부터 이성에 대한 관심이 동생 정은보다는 많아 보였다. 그가 열다섯 살인가 열여섯 살이었을 때 여정 아가씨의 수행원이었던 여자에게 푹 빠졌던 적이 있었다. 그녀의 얼굴은 이국적이고 예뻤으며 정철 대장보다 한 살 많았다. 여정 아가씨가 수행원들과 가는 여자들만의 영화관에 정철 대장이 그녀를 보러 들어갔다가 10분 정도 후에 여정 아가씨에게 끌려나온 적도 있었다.

한편 정은 대장은 열다섯이나 열여섯 살 정도까지는 이성에 별로 관심을 보이지 않았다. 음악은 형인 정철 왕자와 마찬가지로 좋아했고, 2000년 여름 스위스에서 여름방학 기간 중에 잠시 돌아왔을 때 내가 CD워크맨으로 듣고 있던 휘트니 휴스턴의 노래를 녹음한다고 빌려간 적이 있었다. 한국의 인기 가수의 CD를 갖고 있었던 적도 있었으며 그 노래를 들으면서 "노래가 참 좋다."라고 말한 적도 있었다. 음악 외에도 1장에서 언급했듯이 영화와 일제 게임에도 여전히 빠져 있어서 이성에게는 관심을 기울일 틈이 없었는지도 모르겠다. 그러나 그 후 얼마 지나지 않아 여성에게도 흥미를 보이는 것 같아 나는 내심 안심하게 되었다.

'기쁨조' 중에 가슴이 큰 여성이 있었는데 정은 대장이 내게 "저 여성 가슴이 크네."라고 말하면서 흐뭇하게 바라보던 모습을 기억한 다. 북한 여성들 중에는 가슴 큰 사람이 드물어 C컵이나 D컵만 해도 눈에 확 띈다. 그런 가슴을 가진 여자에게 정은 대장도 흥미를 보이 게 된 것이다. 그러나 형처럼 마음에 드는 여자에게 적극적으로 다가 가서 함께 놀려고 시도하는 일은 없었던 것으로 기억한다. 지금은 정 은 대장도 여성들과 사귀기도 할 것이며 어쩌면 결혼을 했을지도 모 르겠다. 내 생각이지만 이성에 대한 관심은 정은 대장이 형보다는 한 수 아래인 것 같다.

사회적 관심은 일찍부터 강했다

한편으로 사회적인 관심은 형보다도 정은 대장이 더 강했다.

1998년 6월 26일 모친 고영희의 생일에 잔을 나누면서 당시 아직 열다섯 살이었던 정은 대장이 하는 말을 듣고 나는 깜짝 놀랐다.

"그런데 후지모토, 외국의 백화점이나 상점에 가서 보니 어디를 가나 물자와 식품들로 넘쳐나서 놀랐어. 우리나라 상점은 어떨까?"

앞에서도 언급했듯이 이미 정은 대장은 일본에도 여행을 가 본 적 이 있는 것으로 보이며 스위스를 비롯해서 유럽에도 가족여행을 하 거나 유학 시절에 다녀 본 적이 있는 것 같았다. 그때 자신이 본 해외의 풍요로운 모습에 충격을 받은 것 같았다.

김정일 패밀리가 북한 내의 물자부족에 대해서 직접 눈으로 볼 기회는 거의 없지만 왕자들은 관저의 TV 등 위성방송으로 해외 뉴스를 보고 있었을 것이다. 그렇다면 해외 뉴스에서 보도되고 있는 북한의 실상, 몰래 찍은 영상 등도 보았을 가능성이 있어 자국의 물자부족에 대해서 모르지는 않았을 것이다.

그렇다고 해도 아직 10대 중반의 아이가 자기 나라와 외국을 비교하고 있다는 사실에 나는 놀라지 않을 수 없었다. 형인 정철 대장과는 그런 대화를 나눈 적이 거의 없었다. 사회적 관심은 분명 정은 대장 쪽이 강했던 것 같다.

정은 대장은 스위스 유학을 통해서 국제 공통 언어인 영어의 중요성에도 눈을 뜬 것 같다. 2000년경에는 원산초대소의 카운터에서 커피를 마시고 있을 때 영어가 유창한 김충일 서기실 제1부장으로부터 열심히 영어를 배우던 모습이 인상에 남아 있다.

정은 대장의 사회적 관심이 높다는 것을 다시 한 번 느낄 기회가 된 것은 이 책의 첫머리에서 언급한 열차 안에서의 다섯 시간에 걸친 '회담' 때였다.

삼엄한 경비의 호화스러운 전용 열차

다섯 시간에 걸친 '회담' 이야기를 하기 전에 김정일 전용 열차에 대한 이야기부터 먼저 시작하겠다. 김정일 패밀리의 전용 열차가 공식적으로 달릴 때에는 경비가 엄청나게 삼엄하다. 출발역에서 도착

역까지 전 구간에 50미터 간격으로 병사들과 역무원들을 세워 놓는다. 통과하는 각 건널목은 차단되며, 일반인은 주변 50미터 이내에는 접근하지 못한다. 칠봉산 지구의 군대를 시찰하기 위해 김정일이 전용 열차로 이용했을 때 전용 열차의 주변을 경비병들이 50미터 간격으로 배치되어 방사선 모양으로 퍼져 있었는데 그 모습이 실로 장관이었다.

전용 열차는 통상 12량이나 13량으로 편성되며 선두 2량의 디젤 기관차가 각 차를 견인한다. 최근에 김정일이 중국을 방문한 영상으로 처음 공개된 응접차량에 딱 한 번 간 적이 있는데 아이보리색으로 통일된 그곳은 실로 호화스러움의 극치를 보는 듯하다. 열차가 이동할 때의 수행은 간부들과 부관, 영상녹화 담당 직원과 서기실 직원, 요리사 등 대 부대가 된다. 각각의 부서마다 차량이 다르지만, 기본적으로 한쪽이 통로이고 그 반대쪽에 2층 침대가 4, 5개조로 설치된 구조다. 샤워실은 김정일 패밀리 전용 차량 외에는 없었다.

앞쪽 3대 정도가 김정일 패밀리 전용 차량이고, 뒷부분의 차량은 이동용 벤츠 운반용 차량으로 구성되어 있다. 일반 차량은 2층 침대로 된 침대식 방이 한 량에 4~5개 정도 있는데 일반 차량에는 샤워실이 없어서 장기간 이동할 때는 무척 불편하다. 전용 차량 열차에는 물론 식당차가 연결되어 있지만 내가 소속되어 있던 서기실은 대개 부관이나 기록과 직원들과 함께 식사를 했다.

이런 호화로운 전용 열차에서 나는 정은 대장과 잊을 수 없는 '회담'을 가진 것이다.

다섯 시간에 걸친 '회담'에서 토로한 불안감

2000년 8월, 원산에서 평양으로 향하는 전용 열차 안에서 정은 대장이 "얘기 좀 하자."며 내게 배정된 차량 안으로 들어왔다.

열일곱 살이 된 정은 대장은 여전히 스위스에 유학 중이었고, 여름방학을 이용해 잠시 귀국해 있었다. 여름방학이 되면 두 달에서 세 달씩 와 있었고, 겨울방학과 북한의 중요한 기념일에도 귀국했기 때문에 정은 대장이 실제로 스위스에 체류한 것은 1년 중 5개월 정도였을 것으로 보인다.

정은 대장이 들어왔을 때 나는 얼굴을 손수건으로 가리고 누운 채 CD워크맨을 듣고 있었다. 정은 대장은 그런 나를 보더니 "그대로 계속 쉬어."라고 말한 뒤 나갔지만 뭔가 하고 싶은 이야기가 있는 것 같은 느낌이 들었다. 평소와는 다른 심각한 표정을 하고 있어서 예사롭지 않게 느껴졌던 것이다. 그래서 나는 따라 나가서 그가 가리키는 오락차량으로 갔다. 그곳에서 웨이터에게 술을 주문한 뒤 단 둘이서 이야기를 나누기 시작했다.

정은 대장이 주요 화제로 거론한 것은 북한의 현황에 대한 것이었다. 정은 대장은 그날 정말 진지했다.

"우리나라는 아시아의 다른 나라에 비해 공업기술이 한참 뒤떨어져. 우리나라에서 내세울 것이라곤 지하자원인 우라늄 광석 정도일 거야. 초대소에서도 자주 정전이 되고 전력 부족이 심각해 보여."

정은 대장이 그렇게 이야기한 것이 특히 인상에 남아 있다.

말이 통하지 않는 스위스에서 유학하면서 나름대로 마음고생을 한 것 같았다. 시야가 많이 넓어졌고 인간적으로도 성장을 한 것 같아 보였다. 어릴 적부터 무엇 하나 부족함 없이 뛰어놀던 '응석꾸러기'의 이미지는 더 이상 찾아볼 수 없었다.

실제로 김정일이 머물던 초대소에서조차 종종 정전이 발생한다. 자가발전기가 있었기에 40초 정도 뒤에는 전등이 다시 켜지지만 그 사이에 무슨 일이 일어나면 큰일이 날 수 있다. 김정일도 간부들의 얼굴을 둘러보면서 "이 40초 동안에 무슨 일이 일어날지 모른다."고 말하곤 했다. 아마도 '쓸데없는 생각'을 못하도록 못을 박아 두고 싶었을 것이다. 테이블에 놓인 젓가락은 스테인리스 제품인데 깜깜한 어둠 속에서 김정일의 얼굴을 향해 던지기라도 한다면 큰일이지 않은가.

이야기를 다시 정은 대장과의 대화로 되돌리자.

"일본이 미국에 졌지. 하지만 멋지게 부활한 거 아냐. 상점에 가 봐도 물품들이 얼마나 넘쳐나던지. 우리나라는 어떨까?"

정은 대장은 역시 북한의 물자부족에 대해서 줄곧 걱정을 하고 있는 것 같았다. 또 일본과 유럽 등지의 외국을 다니면서 정은 대장에게는 '우리나라도 저렇게 되어야 할 텐데.'라는 생각이 싹트고 있는 것 같아 보였다. 그러나 당시 유학을 하고 있던 스위스에서 겪은 자세한 이야기는 거의 하지 않았다. 김정일로부터 거기에 대해서는 "일절 입 밖에 내지 말라."는 지시를 받고 있었는지도 모르겠다.

북한의 현실을 걱정하고 있는 정은 대장에게 나는 이렇게 말했다.

"공화국은 그렇다고 해서 특별히 뒤떨어진 것은 없습니다. 식민지

시절이 길어서 출발이 늦어졌기 때문에 도리가 없습니다."

이렇게 위로하면서 나는 이솝 우화의 '토끼와 거북이' 이야기를 들려주었다.

"비록 출발은 늦었지만 거북이는 부지런히 토끼를 쫓아 따라잡았답니다."

정은 대장은 이 동화를 모르고 있었던 듯 "그런 이야기가 있어?"라며 감탄했다. 북한에서는 서양의 동화를 접할 기회가 없었던 것 같았다.

또 정은 대장은 중요한 이웃나라인 중국에 대해서도 이야기를 하기 시작했다.

▲ 김정일 전용 열차에 타고 있는 필자
차창은 모두 매직미러로 되어 있어 밖에서는 안쪽이 안 보인다

"후지모토, 위에서 들은 이야기지만, 지금 중국은 여러 가지 면에서 성공하고 있는 것 같아. 공업이나 상업, 호텔, 농업 등 모든 것이 잘 나가고 있다고 위에서 얘기하더군."

정은 대장이 '위'라고 말한 것은 김정일을 가리킨다. 대장은 계속 이야기를 이어갔다.

"우리나라 인구는 2,300만 명인데, 중국은 13억이라는 어마어마한 인구를 가졌는데도 통제가 잘되고 있다는 게 대단한 것 같아. 전력 보급은 어떻게 되고 있는지. 13억 명의 인구를 먹여 살릴 수 있는 농업의 힘도 대단하고. 식량 수출도 성공적이라고 하더군. 여러 가지 면에서 우리가 본보기로 삼지 않으면 안 되겠지?"

중국의 개혁·개방정책의 성공 소식을 김정일로부터 전해들은 정은 대장은 그 사실에 무척 관심을 가지는 것 같았다. 정은 대장은 북한의 현실을 바꾸기 위해서는 중국의 방식을 본보기로 삼아야겠다는 생각을 갖기 시작한 것 같았다. 만약 그것이 실현 가능하다면 멋진 일이라고 생각하면서 자국의 장래를 심각하게 걱정하는 열일곱 살의 '청년 대장'에게 나는 다시 한 번 감탄했다.

이밖에도 이것저것 이야기를 나누었고, 나도 일본에 있을 때의 내 신변 이야기를 해 주기도 했다. 술을 마시면서 나눈 대화였기 때문에 아쉽게도 정은 대장이 한 말 모두를 기억해 낼 수는 없다. 다만 이날은 보통 때 우리가 나누었던 '시시한 얘기'는 서로 하지 않았고, 정은 대장이 북한의 현실과 장래에 대한 불안감 따위를 시종일관 심각한 표정으로 이야기하던 모습이 나에게는 아직 생생한 기억으로 남아 있다.

　'나라면 북한을 이렇게 만들겠다.' 라는 식의 의견을 내놓지는 않았지만, 그로부터 10년이 흐른 지금 다시 한 번 이야기를 나눌 기회가 생긴다면 분명히 여러 가지 견해를 들을 수 있지 않을까 생각된다.

　여하튼 이날 밤의 '회담'은 오후 11시가 지나서부터 시작해서 다음날 오전 4시경까지 장장 다섯 시간에 걸쳐서 이어졌다. 왜 정은 대장은 이렇게 오랜 시간을 자기 나라의 현실이나 장래에 대해서 이야기한 것일까? 당시 정은 대장은 유학 중이었고 정부나 당의 기관에서 일을 맡고 있지 않았다. 현실을 생각하다 보니 여러 가지 문제에 부딪혀 고민을 털어놓고 싶었기 때문이라고 생각할 수도 있겠지만.

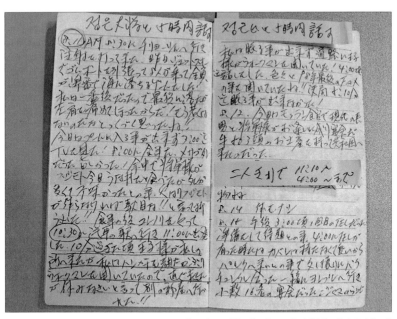

▲ 하루하루 겪은 일들을 몰래 수첩에 적어 두었는데
　갖고 나온 것은 그 중의 일부뿐이었다

지금 생각해 보면 정은 대장은 원산초대소에 머물면서 김정일로부터 중대한 이야기를 들은 것은 아니었을까 하는 생각이 든다. "내 후계자는 바로 너다."라는 식으로 분명하게 말하지는 않았다 하더라도 그것을 암시하는 듯한 말을 장군으로부터 들은 것이 아니었을까. 그날의 정은 대장의 심각한 표정이 뇌리에 떠오를 때마다 나는 그런 생각이 많이 든다.

김정일은 이미 두 왕자들의 성격 차이를 꿰뚫어보고 있을 터였다. 김정일은 평소부터 정은 대장에 대해서 "나를 닮았다."라고 만족스럽게 이야기를 했으며 당이나 군 간부들 앞에서도 똑같이 말해 왔다. 한편 정철 대장에 대해서는, "그 녀석은 안 돼. 계집애 같아서."라고 말했다.

김정일은 어릴 적부터 두 왕자들의 일거수일투족을 관찰해 왔기 때문에, 남다른 리더십과 사회에 대한 강한 관심을 나타낸 정은 대장 쪽이 지도자에 걸맞은 자질을 갖추고 있다고 보고 있는 것이 아니었을까. 그리고 정은 대장을 후계자로 만들려는 속셈을 서서히 굳혀 나갔던 것이 아닐까.

10대 중반부터 술과 담배를 시작

다음 해인 2001년에도 인상적인 사건이 있었다. 3월 15일 오후 두 시나 세 시경이었을 것으로 생각된다. 원산초대소에서 패밀리와 함께 머물고 있던 내 방에 정은 대장으로부터 전화가 걸려 왔다.

"후지모토, V 하자."

형인 정철 대장과는 달리 정은 대장은 10대 중반부터 이미 술과 담배를 시작했다. 술에는 강하며, 특히 조니 워커, 그것도 최고급품 '크리스털'을 좋아했다. 담배는 김정일한테서 "어릴 적부터 담배를 피면 키가 안 큰다."라는 주의를 받기는 했지만 외제 담배를 갖고 있는 내게 와서 몰래 피는 일이 종종 있었다. 손가락 사이에 담배를 끼워 피는 시늉을 하면서 나를 불러낼 때 하는 말이 바로 "V 하자."라는 말이었다.

나를 한밤중이나 이른 아침에 불러낼 때도 있었다. 당시에 내가 몰래 쓰던 일기를 읽어 보면 2000년 10월 17일, 그것도 오전 3시에 정은 대장으로부터 전화가 걸려 와서 "V 하자."라며 불러낸 것으로 기록되어 있다. 신천초대소에서 내가 숙박하고 있던 동 밑에 내려가서 기다리고 있으니 정은 대장은 관저에서 자전거를 타고 왔다. 나를 발견하고는 미소를 띠며 오른손을 가볍게 들어 올리더니 자전거에서 내렸다. 그리고 둘이서 담배를 피우고 나자 정은 대장은 "고맙다."라고 말한 뒤 자전거에 다시 올라타고 관저 쪽으로 사라졌다.

그 일이 있고 나서 아흐레 뒤인 10월 26일에도 같은 일이 있었다. 오전 5시에 신천초대소에 있는 내 방문을 노크하는 소리에 일어나 문을 열어 보니 정은 대장이 문 앞에 서 있었다. 곧바로 방안으로 들어오게 하자 대장은 "후지모토, 미안해. V가 하고 싶어 그만 와 버렸네."라며 웃었다. 내가 바로 정은 대장 앞으로 담배 갑을 통째로 내밀자 그 안에서 한 개비를 꺼내더니 맛있게 피웠다. 그리고는 "파파한테는 비밀이야."라고 말한 뒤 돌아갔다. 나는 그날의 일기에 '정은 대장은 정말 담배를 좋아한다!' 라고 적었는데, 그는 실로 10대부터 남들 못지않은 애연가였던 것이다.

2001년 3월 15일에 나를 불러낸 것은 한낮이 지난 때였는데, 나는 내 방이 있는 4호 동 밑에서 정은 대장을 기다리고 있었다. 늘 하듯이 정은 대장은 벤츠 600을 타고 왼손을 가볍게 올리면서 나타났다. 나는 그 차의 조수석에 올라탔다. 김정은은 원산초대소 안의 산 정상 근처에 있는 농구 코트 주차장에 차를 세우고 나서 내 담배 '이브 생 로랑' 을 둘이서 나눠 피웠다.

처음 한 개비를 다 피우고 나서 두 개비째에 불을 막 붙이려 했다. 그때 정은 대장은 프론트 유리 저편 먼 곳을 바라보면서 뜻밖의 말을 내게 건넸다.

"그런데 말야 후지모토, 우리는 매일 말도 타고 롤러블레이드도 타며 농구도 하고 또 여름에는 제트스키와 수영장에서 놀기도 하는 데 일반 인민들은 어떻게 살고 있을까?"

▲ 정은 대장이 좋아하는 담배 '이브 생 로랑'

이렇게 국민에 대해 걱정하는 듯한 이야기를 듣는 것이 처음이라 나는 나도 모르게 정은 대장의 옆얼굴을 물끄러미 쳐다보았다. 막 열여덟 살이 되는 나이였다. 다소 과장인지는 모르겠지만 '한

나라 지도자의 DNA를 이어받는다는 것은 바로 이런 것이 아닐까.'
라는 생각이 들어 놀라움을 감출 수 없었다.

북한 국민들의 생활수준과는 한참 동떨어진, 아니 어른이 보아도
상상을 초월하는 호화스런 생활을 지속해 온 김정일 패밀리. 현재의
지도자인 김정일의 정책으로 패밀리와 측근들에게 호화스러운 생활
을 보장할 수 있다 하더라도, 일반 국민들에게 풍요롭고 자유로운 생
활을 보장하는 일은 불가능하다. 그 일 자체가 북한의 독재 체제의
모순이라고 할 수 있겠지만, 그 모순에 정은 대장이 눈을 뜨고 그런
체제를 용기 있게 개혁해 나간다면 북한 국민들에게는 물론 일본이
나 주변국들에게도 좋은 일이 아닐 수 없다.

"대장 동지, 인민의 일을 생각하는 것은 멋진 일이지요, 정말로."

나는 다소 감격해서 나도 모르게 목소리에 힘이 들어갔다. 그러나
유감스럽게도 깊은 이야기까지는 할 수 없었다. 두 개비째 담배를 다
태우고는 대장은 아무 일도 없었던 것처럼 차에 시동을 걸고 산을 내
려가 내 방이 있는 4호 동 앞에 나를 내려주었다. 정은 대장은 나를
데리러 올 때와 마찬가지로 왼손을 가볍게 올리고는 관저로 사라져
갔다.

나는 방으로 올라와 소파에 앉아서 아까 정은 대장이 했던 질문을
몇 번이고 머릿속에 되뇌고 있었다.

'틀림없이 정은 왕자가 언젠가는 북한의 중추 역할을 맡게 될 거
야. 분명해!'

그때 나는 확신했다.

제5장

김정은 체제를 지지하는 측근들

안정된 정권 운영을 위해 빠질 수 없는 것이 보좌하는 측근과 간부들이다
정은 체제를 지지하는 사람들은 어떤 인물일까?

'후견인'은 김정일의 매제인 장성택

정은 대장의 후견인을 들라고 한다면 김정일의 매제인 장성택을 들 수 있다. 김정일과 측근들을 가까이에서 13년간 지켜본 나는 북한의 절대적인 넘버 2가 장성택이라고 단언할 수 있다. 그는 김정일을 보좌하는 측근 중의 최측근이며, 신임이 두터운 수완가이고 냉정하면서도 침착한 인물로 알려져 있고, 판단력도 뛰어나다.

나는 장성택이 정은 대장과 직접 이야기를 하고 있는 장면도 자주 목격했다. 내용까지는 들을 수 없었지만, 장성택 쪽에서 여러 가지를 가르쳐 주고 지도해 주고 싶어 한다는 느낌을 받았다. 기회가 있을

▲ 2010년 9월 28일 44년 만에 열린 제3차 조선노동당 대표자회의 김정일의 여동생이자 장성택의 부인 김경희(맨 앞줄 두 번째)는 김정은과 함께 인민군 대장 칭호를 부여받았다

때마다 제왕학(帝王學)을 가르치려고 했던 것은 아닐까. 다만 장성택은 무척 바빠서 정은 대장의 본격적인 교육을 담당하고 있는 것 같지는 않았다.

장성택은 1946년 1월 22일생으로 알고 있으며, 나보다 한 살이 더 많다. 일본과 한국에서는 2월 6일생이라고들 하는데, 나는 파티 등의 장소에서 생일 축하 케이크를 놓고 장성택의 생일을 축하하는 모습을 본 적이 있다. 당시 수첩에 기록해 놓은 날짜를 확인해 보니 1월 22일이었다.

장성택은 신장 168센티미터 정도로 보통 정도의 키에 보통 정도의 체격을 지녔다. 한국의 신문에 따르면 장성택은 김일성 종합대학 정치경제학과 재학 중에 김정일의 여동생 김경희와 연애를 하는 바람에 원산경제대학으로 전학을 했다. 또 졸업 후 1969년에는 김경희와 함께 모스크바로 유학을 갔다고 한다. 1972년에는 김경희와 결혼을 한다. 이후에는 조선노동당의 조직지도와 인사를 관장하는 중추 부서에 있는 조직지도부에 소속되어 지도원, 간부1과장이 된다. 그 후 당 조직지도부 제1부부장이 된다. 그는 당의 핵심 세력으로서 조직을 통괄하고 있었는데, 2004년경부터는 실각설이 돌았다.

그러나 2006년 봄에 다시 모습을 드러내서 김정일을 보좌하는 사실상의 넘버 2로서 활동하고 있으며, 그 후 공안·사법을 총괄하는 조선노동당 행정부장으로 취임했다고 전해진다. 2009년에는 북한의 국방위원회의 위원이 되었고, 2010년 6월에는 국방위원회 부위원장으로 선출되었다.

장성택의 사람 됨됨이

내가 장성택을 처음 만난 것은 1988년경, 김일성이 좋아하는 오락 바카라를 하는 장소에 불려 다니기 시작했을 때였다. 그때 장성택의 사람됨에 대해 잊을 수 없는 사건이 있었다.

그날따라 바카라 운이 좋아서 내 앞에 칩이 두둑이 쌓였던 날이었다. 새벽 4시경이 되자 김정일이 "후지모토, 둘이서 한판 승부를 벌이자."는 제의를 해 왔다. 나는 거절을 했지만 간부들이 강력하게 권하는 바람에 두 사람만의 승부에 돌입하게 되었다. 나는 승부에 들어가기 전부터 질 것을 예상했다. 왜냐하면 김정일은 돈이 썩을 만큼 많은 사람이기 때문에 베팅을 배로, 또 다시 배로 하게 되면 간단히 이길 수 있기 때문이다. 그날 나는 그때까지 모은 칩을 그대로 갖고 돌아가고 싶은 마음이 간절했다.

새벽 5시 반경에 승부가 끝났을 때 나는 예측대로 모아 놓은 칩을 다 토해내야만 했다. 김정일은 자신이 이기자 의기양양하게 화장실로 향한 뒤 방으로 사라졌다. 나는 너무나 분통이 터진 나머지 나도 모르게 큰소리로 "치쿠쇼(빌어먹을)!"라고 소리치고 말았다.

그 후에 81과의 조리사가 만들어 준 아침 죽을 장성택과 같은 테이블에 마주 앉아 먹고 있었다. 그런데 그가 내게 타이르듯이 이렇게 말을 걸어 왔다.

"아까 후지모토가 '치쿠쇼(짐승이라는 뜻의 일본말로 주로 남을 욕할 때 쓰는 말_역주)'라고 한 말은 앞으로는 절대 쓰면 안 되네. 장군님이 들으면 어떻게 받아들일지 몰라. 우리는 후지모토가 져서 분

한 나머지 자기도 모르게 튀어나온 말로 이해하지만, 앞으로 더 이상 그 말을 하면 안 되네. 알았나?"

그 말을 듣는 순간 나는 뜨끔했다. 분명히 그랬다. 만약 김정일이 내 말을 듣고 자신에게 욕을 퍼붓는 것으로 받아들인다면 내 목 따위야 쉽게 날아갈 수 있을 터였다. 내가 얌전한 낯으로 순순히 "반성하고 있습니다."라고 대답하자 장성택은 미소를 지으면서 내게 손을 내밀었다. 나는 그의 손을 잡으면서 '대단한 인물이다.'라고 생각하며 감격했던 것을 기억한다. 다른 간부들이었다면 분명 나를 혹독하게 매도하고 말았을 것이다.

너무 신중한 일처리로 김정일과 알력

김정일의 신뢰가 두터운 장성택은 내가 아는 한 여러 다양한 업무에 종사하고 있었다. 도로 확장이나 새로운 건물의 설계도 따위를 펼쳐 놓고 부하인 김시학과 함께 김정일에게 여러 가지 설명을 하고 있는 것을 나는 여러 번 목격했다.

장성택은 여러 가지 일에 종사하면서도 김정일의 얼굴색을 살피고 눈치를 보는 식의 일처리를 하지 않았다. 신중하게 행동하는 성격인 것 같았다. 김정일이 "빨리 해!"라고 독촉을 해도 아랑곳하지 않고 자신의 페이스를 유지했기 때문에 김정일과의 의견 대립도 여러 번 있었던 것으로 보인다.

내가 지금 생각나는 것은 1995년경 김일성의 추도 1주년 전후의 일이었다. 관저 내의 8번 연회장 2층에서 35명 정도가 모여서 파티

▲ 국방위원회 부위원장으로 선출된 장성택. 김정은의 후견인이 될 것이 틀림없다

를 하고 있었다. 김정일의 오른쪽에는 부인 고영희가, 그 옆에는 정은 대장, 옥이 동지가 앉아 있었다. 그 훨씬 오른쪽에 앉아 있던 장성택과 김정일이 이야기를 나누고 있었는데 갑자기 김정일이 장성택에게 버럭 소리를 질렀다. 이야기의 내용은 들을 수 없었지만 장성택이 김정일과는 다른 의견을 피력했던 것으로 보인다. 김정일은 분을 억누르지 못해 앞에 놓여 있던 스테인리스로 된 냅킨꽂이를 집어들어 던지려고 했다. 그것을 부인 고영희가 김정일의 팔을 잡고 제지하는 바람에 큰일로 이어지지 않고 끝났다.

그러자 장성택은 즉각 그 자리에서 일어나 "잘못했습니다."라며 김정일에게 사과했다. 또 "노래를 부르겠습니다."라며 김정일의 할

머니를 주제로 한 '사향가(思鄕歌)'를 불러 분위기는 일단락되었다.

그러나 그 후에 장성택은 노동당 부장에서 제1부부장으로 강등된 것으로 보인다. 호되게 당한 셈이었다. 그 후에는 한참 동안 부부장 직을 유지한 것으로 보인다. 그러나 다른 측근들은 장성택과 대등하게 맞설 사람이 없으므로 부부장으로 강등된 후에도 '장 부부장 동지'라 부르는 사람은 없었고 계속해서 '장 부장 동지'라고 불렀다.

그러나 장성택을 논할 때 잊지 말아야 할 것은 사실 장성택의 힘의 원천은 그의 아내인 김정일의 여동생 김경희에게 있다는 사실이다.

친어머니를 일찍 여읜 김정일에게 김경희는 유일하게 마음을 허락하는 존재여서 그런지 여동생에게는 무척 너그러웠다. 김경희도 그것을 알고 있는 듯 자주 김정일에게 간드러진 목소리로 돈, 그것도 수천만 엔 수준의 거금을 요구하곤 했는데, 김정일은 상당한 액수라도 김경희의 '응석'에 응해 주었다. 그런 동생의 남편이기 때문에 장성택을 중용한 것이다. 만일 장성택이 김경희로부터 이혼이라도 당하게 된다면 즉각적으로 권력을 빼앗길 것이 분명하다.

실제로 측근의 파티 회장에서 보면 장성택은 김경희 앞에서는 꼼짝도 못하는 것 같았다. 장성택에 대한 김경희의 태도는 표독스러웠고, 아무 앞에서나 "장성택!"이라며 남편의 이름을 마구 불렀다. 브랜디를 몰아치듯 마시는 김경희는 장성택에게 "자, 더 마셔!"라고 하면서 부하나 하인에게 명령하듯이 술을 권했다. 그런 아내의 '횡포'에 대해 장성택은 거역할 생각도 하지 못한 채 늘 얌전하게 부인이 하는 말을 듣고 있었다.

수영 팬티 벗기기의 명수, 장성택

냉정하면서도 침착한 수완가로 알려진 장성택이지만 아이처럼 장난치는 것도 무척 좋아한다. 1992년의 어느 여름 날, 원산초대소의 배에 설치된 50미터짜리 풀장에서 간부들과 기쁨조, 농구선수(국가대표팀이 아니라 초대소에서 왕자들의 상대를 해 주기 위해 만든 팀의 선수들) 등을 합쳐서 45명 정도가 함께 놀고 있었다.

휴식 시간에 전원이 풀에서 나왔을 때 나는 장성택이 뒤에서 따라붙는 것을 알아차렸다. 그의 손이 내 수영 팬티로 뻗어 온 순간 나는 얼른 장성택의 손을 붙잡았다. 그랬더니 장성택은, "후지모토는 눈치가 빠르군. 들켜 버렸네."라며 아쉬워했다.

그러나 나처럼 눈치를 채지 못한 채 그대로 당하는 바람에 물건을 그대로 공개한(?) 희생자도 꽤 많았다. 장성택은 수영 팬티 벗기기의 명수였던 것이다. 그의 희생자 중에는 쟁쟁한 면면들이 줄을 이었다. 김시학(당 조직지도부 부부장, 이하 직함은 당시의 기억에 따름), 김재경(서기실 부부장), 김용남(중국어 통역 겸 부과장), 김창순(서기실 부부장) 등으로 기쁨조 남자 멤버도 대거 희생자가 되었다.

간부들은 팬티 벗김을 당해도 의외로 당당했는데 기쁨조의 남자들은 당황해서 팬티를 끌어올렸다. 그 모습이 인상적이었다.

그 '노출'의 현장에 있던 여성들은 깔깔거리면서 눈을 가리곤 했다. 그 뒤부터는 모두가 장성택이 몰래 자기 뒤로 오는 것을 경계하게 되면서 성공률은 다소 떨어진 것 같았다.

또 장성택은 연회 중에 다른 간부들이 의자에 앉으려는 순간 의자를 뒤로 쑥 빼내 엉덩방아를 찧게 해서 주변 사람들을 웃게 만들었다. 엉덩방아를 찧은 간부들은 절대적 존재이자 넘버 2인 장성택에게 화를 낼 수도 없는 상황이어서 쑥스러운 듯 쓴웃음을 지을 수밖에 없었다.

이렇듯 장난기 많은 아이 같은 일면을 보여 주는 장성택이다. 한편 그는 담배를 피우지 않으며 깔끔한 것을 좋아하는 것도 인상 깊게 남아 있다. 자신의 차 안에서는 어느 누구도 담배를 피우지 못하게 해서 간부들은 장성택의 차에 타는 것을 꺼려했다.

반면에 장성택은 술이 매우 강해서 김정일 주최의 밤 연회가 시작되기 전에는 언제나 웨이터에게 부탁해서 입구로 술을 내오게 하고

▲ 창성초대소의 식당 배에서. 점심을 먹은 후 갑판에서 기념 촬영을 했다. 모두 편한 복장을 하고 있다(앞줄 왼쪽 첫 번째가 김정일, 목에 수건을 걸친 사람이 필자)

한 잔을 먼저 단숨에 들이켰다. 저혈압이 있어서 그런지 한 잔 마시지 않으면 혈압이 오르지 않기 때문일까. 언제부턴가 다른 간부들도 입구에서 먼저 한 잔을 마시지 않으면 연회장에 들어가지 못하게 되고 말았다.

형들은 엘리트 군인

장성택의 형 장성우(1933년생)와 장성길(생년 불명)은 모두 엘리트 군인이다. 장성우는 북조선인민군 차수(次帥, 원수와 대장의 중간 계급)이며, 장성길은 인민군 중장이었다. 장성택은 형들을 통해서 군 내부에도 인맥을 구축하고 있었다. 그 후 장성우는 2009년에, 장성길은 그에 앞서 2006년에 각각 병사했다고 한다.

나는 형 장성우와는 몇 번 술잔을 주고받은 적이 있다. 장성택과 달리 무척 키가 커서 180센티미터 정도였던 것으로 기억한다. 그런 거구인 그와 원산초대소에서 팔씨름을 한 적도 있는데, 결과는 나의 압승이었다. 거구이면서 팔이 긴 장성우였지만 팔씨름은 팔이 짧은 내가 더 유리했던 것이다.

장성택과 가까운 측근들

장성택은 김정일을 지원하는 최측근이라고 할 수 있는데, 장성택과 가까운 측근이라면 최룡해와 김시학일 것이다. 1980년부터 이 두 사람은 장성택의 부하였다.

최룡해는 1948년생이라고 하므로 장성택보다 두 살 아래다. 김일성의 전우이자 항일 빨치산 출신의 원로인 최현 전 인민무력부장의 아들이다. 그가 파티에 참가하기 시작한 1994년경부터 나는 몇 차례나 그를 만났다.

그의 아내는 무용수 출신으로 얼굴이 예뻤다. 가수인 내 아내 엄정녀가 1981년에 평양학생소년예술단의 일원으로 일본으로 공연을 간 적이 있는데, 그때 단장이 장성택이었고 부단장이 최룡해였다고 들었다. 그들도 그때 함께 일본에 왔던 것이다.

최룡해는 북한의 청년조직인 사회주의노동청년동맹(사노청)의 위원장 등을 맡고 있었는데 1990년대 후반, 북한에서 스파이 등의 '대숙청' 바람이 불 때 갑자기 '섬으로 소환' 되어 권력의 핵심에서 제거되는 듯했다. 쌀 뒤주 속에 몰래 15만 달러를 축재했다, 혹은 한국의 정보기관과 연락을 취하고 있다는 등의 소문이 돌기도 했다. ('사노청사건' 이라 불린다.)

▲ 김정일의 핵심 세력 최룡해

‘섬 소환’이라고 표현했지만 북한의 정치범은 그 옛날의 일본처럼 섬으로 보내지는 것이 아니라 산간벽지로 강제 이주되는 일이 많기 때문에 ‘산 유배’라고 해야 될지도 모르겠다. 산간에 널려 있는 수용소에 들어가는 경우와 수용소가 아닌 산간벽지에서 자급자족을 강요당하는 경우가 있는데, 최룡해의 경우는 후자였던 것 같다. 후자의 경우라도 자급자족을 못하고 굶어죽는 사람이 많다고 한다. 어떤 의미에서는 후자가 밥이 나오는 수용소보다도(강제노동을 제외하면) 더 가혹한지도 모르겠다.

　그런데 2006년, 북한의 영상에서 최룡해가 장성택의 뒤를 걸어가는 모습을 보고 나는 정말이지 깜짝 놀랐다.(최룡해의 직함은 황해북도의 당 책임서기, 도지사에 해당됨.) 아마도 장성택이 김정일에게 탄원해서 복직시킨 것이 아닐까 생각된다. 넘버 2인 장성택의 부탁이기 때문에 김정일도 탄원을 받아들였을 것이다.

　또 나는 김시학과도 자주 이야기를 나누었는데, 김시학은 ‘나는 간부입네.’라는 식의 거만함 없이 늘 편하게 대해 주며 “어이, 후지모토.”라고 나를 불렀다. 그와는 언제나 편하게 이야기를 나눌 수 있어서 즐거웠다. 그는 간부들 가운데서도 뛰어나게 승마를 잘했다. 애마는 짙은 밤색으로 몸 전체에 흰 얼룩이 있는, 무척 늠름한 준마였던 것으로 기억한다.

　그러고 보면 장성택도 말을 잘 탔다. 그의 말은 김정일 패밀리로부터 물려받은 녀석으로 훈련이 잘되어 무척 온순했기 때문에 타기가 쉬웠는지도 모르겠다.

▲ 1990년 2월 16일 김정일 탄생일에 신천소대소에서
당 간부들과 함께 기념 사진을 찍었다. 뒷줄 맨 오른쪽이 필자

파티의 단골손님 최고 간부들

김정일이 주최하는 파티의 단골손님이었던 측근과 최고 간부는 그
밖에 어떤 사람들이 있을까. 파티의 단골손님은 김정일의 신임이 두
터운 증거이기 때문에 그 이름을 알아두는 것이 도움이 될 것이다.
독자들에게는 생소한 이름이 되겠지만, 고인이 된 사람을 포함해서
대표적인 인물만 이름을 거론해 보겠다.

측근이나 관료 관계자로는 김용순, 강관주, 강석주, 권희경, 김국
태, 김기남, 계응태, 최태복, 연형묵 등이고, 군 관계자로는 오진우,
조명록, 김영춘, 오극렬, 현철해 등이 항상 얼굴을 보였다. 가끔씩 얼
굴을 내민 사람은 김양건, 이제강, 이용철, 이용무, 전병호, 주상성
등이었다.

▲ 김정일이 군 최고사령관에 취임했을 때 찍은 기념 사진
1991년 12월 24일, 평양 8번 연회장에서(뒷줄 오른쪽 끝이 필자)

아랫열 왼쪽부터   윗열 왼쪽부터

최봉만(당 총무부장)   김은철
현준극(당 국제부 전 부장)   김학순
김창성(당 조직지도부 부부장)   이성복(서기실 · 전 〈노동신문〉 주필)
김기남(서기 · 당 선전선동 부장)   김충일(당 선전선동부 제1부부장)
김정일   최광(차수 · 군총참모장)
김용순(당 서기)   권영록?
권희경(당 조사부장)   주창준(중국대사)
장성택(당 조직지도부 제1부부장)   김시학(당 제1부부장)
문성술(당 제1부부장)   강관주(사회안전부장 · 대동강초대소 책임자)
                                           채익규(영화음악 작사가)
                                           이락빈? 원장(봉화진료소)
                                           김창순(서기실)
                                           김용남(중국어 통역)

인명 · 직함은 모두 필자의 기억에 의존함(편집자주)

참고로 군의 최고 간부(대장급 이상)만 부르는 파티도 열리는데, 나는 처음에 군 관계자 파티에서 제외되었다. 그런데 1994년 중반부터는 참석하게 되어서 군의 대장급과도 안면이 있다.

특히 인상에 남는 당·군 관계자에 대해서 언급해 보기로 하겠다.

김용순은 국제담당 당 서기로서 대남 관계와 대일 관계 업무에 종사하고 있으며 일본에서도 제법 알려진 간부이다. 1990년의 '김환 방북' 시에 자민당, 사회당, 조선노동당의 3당 공동선언을 이끌어낸 북한 측 책임자가 바로 그다. 재일본조선인총연합회(조총련)의 실력자, 허종만 책임부의장과 조총련에서 김정일에게 보내는 자금 관리 등을 맡고 있다고 알려진 강관주(별명 강주일)와 밀접한 관계를 맺고 있었다.

김용순은 '연회부장' 이기도 했으며 항상 파티의 흥을 돋우는 역할을 담당했다. 별 것 아닌 마술로 분위기를 띄웠는데, 가령 손에 든 담배를 한쪽 주머니에 넣고 다른 주머니에서 꺼내는 등의 묘기로 파티 참석자들의 입에서 탄성이 터져 나오게 만들기도 했다. 그러나 2003년에 교통사고로 사망했다. 그는 손수 차를 운전했는데 운전이 서툰 것으로 유명했으며 생전에 벤츠를 세 대나 망가트린 전력이 있다.

강관주는 조선노동당의 공작기관인 대외연락부의 부장을 역임했다고 하는데, 내가 아는 바로는 평양 시내에 있는 대동강초대소의 책임자도 겸하고 있었다. 허종만이 방북했을 때는 그의 초대소에 숙박했다고 한다. 그러나 강관주는 김용순이 죽고 나서 후원해 주는 사람이 없어지자 책임자의 지위에서 물러났다는 설이 있다.

조선노동당 서기인 김국태는 파티에서 김정일의 바로 왼쪽 자리에 앉을 정도로 김정일의 신뢰가 두터운 간부였다. 김정일의 상담역과 같은 입장에 서 있었던 것으로 보인다. 파티에는 부부 동반으로 오는 경우도 많았고 때로는 딸까지 데리고 오기도 했다.

김기남으로부터는 "후지모토 씨는 우리나라와 일본의 가교 역할을 하고 있소."라는 말을 들은 적이 있어 특히 인상에 남아 있다.

최태복(2010년 7월 현재, 조선노동당 중앙위원회 정치국 후보위원)은 파티 전에 내가 자주 차로 마중 나갔던 간부다. 관저나 파티 회장에 들어올 때에는 벤츠의 엠블럼 바로 밑에 작은 2색 램프를 다는데 그것이 통행증의 역할을 하곤 했다. 그 2색 램프는 서기실에서 받아서 차에 달게 되는데, 보안상의 이유로 그 색을 자주, 불규칙적으로 바꾼다. 그 2색 램프를 제대로 달고 있지 않으면 최고 간부라도 출입이 불가능하게 되어 있어 서기실 소속인 내가 차로 최태복을 마중 나갔던 것이다.

당의 작전부장이었던 오극렬은 2000년경부터 파티에서 자주 보게 되었다. 또 김정일의 신임이 두터운 현철해도 군대장 파티에서 보는 일이 많았다.

언제 사라져 버릴지 모르는 간부들

이렇게 말은 최고 간부라고 하지만, 김정일의 분노를 사거나 큰 실수를 범하기라도 하면 언제 숙청당할지 모르는 운명이다.

내가 경시청에 체포되고 나서 얼마 동안 경찰청의 보호 아래 오키

나와(沖繩)에서 생활한 적이 있었다.(1996~1998) 그때 스파이로 몰린 사람들이 대거 체포되었다. 아내인 엄정녀를 통해 들은 바로는, 평양의 고려호텔 앞에 고급 가재도구가 즐비해 있었다고 한다. 체포된 간부들의 가재도구가 경매로 나와 있던 것이다.

고급 간부에서 말단까지 여러 계층의 사람들이 체포되었는데, 파티의 단골손님으로 당 대외정보 조사부장이었던 권희경도 체포되었다고 한다. 그는 평소부터 배포가 컸었다. 김정일 앞인데도 연회장의 탁자 위에 턱을 괴고 있어서 내가 "안 됩니다."라고 주의를 준 적이 있을 정도였다. 옥중에서 죽었다고 하는데 총살당한 것이 아닐까 생각된다.

김정일의 금고 담당이었던 최봉만도 이중장부 혐의로 체포되었다. 그 후 금고 담당을 맡은 사람은 구두쇠로 유명한 림상종이었다.

숙청은 1990년대 후반뿐 아니라 언제라도 일어나고 있다.

2009년 11월 말에 단행된 북한의 화폐개혁(denomination, 통화 단위의 호칭 절하) 실패의 책임을 물어 2010년 3월경에 총살되었다고 전해지는 당 계획재정부장인 박남기도 예전에 파티에서 얼굴을 본 기억이 있다. 그는 파티의 단골손님은 아니었지만 1992년경부터 한 해에 한두 번 정도는 참석하고 있었다. 부장급이면서도 겸손했고 내가 있는 서기실 직원의 탁자로 와서 "미안합니다."라고 말하면서 술을 따르곤 해서 개인적으로 무척 호감을 갖고 있던 사람이었다.

그렇다고 해서 그런 것은 아니지만, 이번 숙청사건(나는 굳이 사건이라고 부른다.)에 대해서 나는 아무래도 석연치 않은 구석이 있다.

화폐개혁은 박남기 개인이 발안한 독자적인 정책이 아니라고 생각하기 때문이다. 그토록 큰 정책을 세울 때는 당 간부의 제의도 있었겠지만 일체의 결단은 김정일이 내리는 것이다. 그런데 그가 왜?

적어도 화폐개혁의 실패에 대한 인민들의 분노를 진정시키기 위해 박남기로 하여금 책임을 떠맡게 하고는 제거시킨 것이리라. 그러나 책임을 전가시키는 방법으로는 너무나 가혹하지 않았나 생각된다. 화폐개혁도 애초부터 정은 대장의 후계 계승을 위한 실적 만들기라는 설이 있었다. 김정일의 결정에 충실히 따랐고 정은 대장을 지지하려고 했을 뿐인 박남기가 총살되었다고 한다면, 정은 대장의 후계 체제에 영향을 미치지는 않을까 우려가 된다.

이른바 숙청은 아니지만 납득할 수 없는 사고 소식도 전해졌다. 올해 6월 김정일의 신임이 두터운 조선노동당 조직지도부 제1부부장인 이제강이 교통사고로 사망했다고 북한의 공식보도가 있었다. 이제강은 정은 대장의 후계 문제에 중요한 역할을 맡고 있는 사람이라는 점에서 후계 문제와 사고와의 연관에 대해서 여러 가지 억측도 난무하고 있다.

원래 북한에서는 차를 소유하고 있는 사람이 적기 때문에 교통사고는 그렇게 빈번하게 일어나지 않는다. 다만 북한에서는 운전 시에 안전벨트를 하는 사람이 거의 없고 겨울에도 스노타이어를 끼우지 않고 달리는 경우도 적지 않다.(아마도 최고 간부 외에는 스노타이어를 지급하지 않는 것 같다.) 게다가 최고 간부급 차는 일반 통행인을 치어도 죄를 묻지 않기 때문에 종종 초스피드로 운전한다. 따라서 일단 사고가 나면 대형사고가 된다. 실제로 앞에서 언급했던 김용순도 교통사고로 사망했다.

그 때문에 이제강의 교통사고도 있을 수 없는 일은 아니다. 그러나 그에게는 전속 운전기사가 있었던 것으로 기억하고 있다. 그런데도 왜 사고가 일어났을까? 김정일이 주최한 파티를 마치고 돌아갈 때는 손수 운전을 해야 할 때도 있으므로 음주운전을 해서 사고를 일으킨 걸까? 뭔가 내막이 있는 걸까? 이제강의 사고사에는 뭔가 납득되지 않는 점이 많다.

북한의 후계자 김정은 공식화 행보 일지

9월 28일

김정일 국방위원장은 셋째 아들 김정은에게 인민군 대장 칭호를 부여, 이후 조선노동당 대표자회에서 당 중앙군사위원회 부위원장과 당 중앙위원회 위원으로 선임

▲ 2010년 9월 28일 당 대표자회에 참석한 후계자 김정은

▲ 평양 금수산 기념 궁전에서 당 중앙기관 성원들 및 제3차 조선노동당 대표자회 참가자들과의 기념 촬영. 앞줄 왼쪽부터 김정은 인민군 대장, 이영호 군 총참모부 총참모장, 김정일 위원장, 뒷줄 왼쪽부터 주규창 당 군수 공업부 제1부부장, 최룡해 당 비서국 비서, 김영일 당 국제부 부장, 김양건 당 통일선전부 부장, 박도춘 당 비서국 비서, 장성택 당 행정부 부장

후계자 김정은 공식화 이후 첫 공개 활동으로, 김정일 국방위원장과 함께 강원도 안변(원산 인근) 소재 인민군 제851부대를 방문, 훈련 참관

▲ 조선노동당 창건 65주년을 기념해 실시된 인민군 제851군부대 훈련을 참관하고, 군 관계 요원들과 찍은 사진. 김정은 좌측부터 김정각 군 정치국 제1부국장, 이영호 당 정치국 상무위원, 김정일, 최영림 내각총리, 김기남 당 비서, 최태복 당 비서, 김경희 당 경공업 부장, 박도춘 당 비서

김정일 국방위원장과 김정은 부위원장은 새로 건설된 국립연극극장 현지 지도 후, 북한을 방문한 중국 사절단과 함께 집단 체조 '아리랑'을 관람

▲ 김정일 국방위원장이 후계자 김정은을 대동하고 새로 건립된 국립연극극장을 방문, 현지 지도. 이때 조선중앙통신은 처음으로 김정은의 단독 사진을 공개

▲ 김정일 국방위원장과 후계자 김정은이 평양 5월 1일 경기장에서 열린 조선노동당 창건 65주년 경축 집단 체조와 예술 공연 '아리랑'을 관람하며 박수

0월 10일

자정에 김정일 위원장과 후계자 김정은 부위원장은 김일성 주석의 시신이 안치된 금수산 기념 궁전을 참배한 뒤, 오전 평양 김일성 광장에서 함께 열병식 주석단에 올라 권력 승계자로서 처음 군부대의 열병 신고를 받음. 또한 저녁에는 김정일 위원장과 김정은 부위원장이 함께 조선노동당 창건 65주년 경축 야간 공연을 관람

▲ 조선노동당 창건 65주년 기념, 평양서 열린 대규모 열병식에 나란히 참석해서 아들 김정은을 바라보는 김정일

▲ 평양 김일성 광장에서 열린 조선노동당 창건 65주년 기념 야간 공연을 관람하는 김정일, 김정은 부자

김정일 국방위원장과 김정은 부위원장은 25일 중국군의 6.25참전 60주년 기념일을 맞아 평양 체육관에서 열린 군중대회에 참석. 두 부자가 함께 공개된 자리에 모습을 드러낸 것은, 지난 10일 조선노동당 창건 65주년 열병식과 야간 공연 이후 15일 만이다. 또한 이날 김정일, 김정은 부자는 북한을 방문한 중국 중앙군사위원회 부주석인 궈보슝 단장 등 일행과 기념 촬영

▲ 중국군의 6.25참전 60주년 기념일을 맞아 북한을 방문한 중국 중앙군사위원회 부주석인 궈보슝 단장 등 일행과 기념 촬영

김정일 국방위원장과 김정은 부위원장은 평안남도 회창군에 위치한 중국 인민 지원군 열사묘에 참배

◀ 김정일, 김정은 부자가 평안남도 회창군 중국 인민 지원군 열사묘에 참배하는 모습

김정일 국방위원장과 후계자 김정은은 함께 자강도 희천 발전소 건설장을 방문하여 현지
지도

▲ 김정은과 당 정치국 위원들이 함께 희천 발전소
건설을 위해 파견된 군인 건설자들과 기념 촬영

새벽 조선중앙통신 등 북한 매체가 전한 조명록(정치국 상무위원 겸 군 총정치국장) 국가장의 위원회 명단에서 김정은 부위원장은 장의 위원장인 김정일 국방위원장 바로 다음 자리를 차지했다. 북한의 9.28 조선노동당 대표자회 직후 권력 서열 6위였던 후계자 김정은이 40일 만에 서열 2위로 뛰어 오른 셈

▲▼ 8일 조명록의 빈소를 찾아 조문하는 김정일과 김정은

▼ 8일 조명록의 빈소를 찾아 조문하는 김정일과 김정은

11월 12일 북한 국방위원장과 후계자 김정은이 인민군 제3875 군부대를 시찰. 이날 시찰에는 최룡해, 김평해 당 비서, 현철해, 리명수 국방위 국장 등이 동행

176

▶▲ 인민군 제3875 군부대를 시찰 중인
　　김정일, 김정은 부자

제6장

핵, 납치, 처형

일본인인 나에게 김정일은
중대 기밀이라 생각되는 것까지 가르쳐 준 적이 있었다
고독한 지도자는 무슨 생각을 하고 있었을까?

북한의 정보는 온통 수상쩍은 것들뿐

북한 내부에서 무슨 일이 일어나고 있는지 그것만큼 알기 힘든 일은 없다. 그럼에도 불구하고 일본에서는 북한에 관한 진위가 확인되지 않는 정보가 계속 흘러나온다.

"김정일은 사실은 죽었다.""김정일에게는 가게무샤(影武者, 적을 속이기 위해 주요 인물로 가장해 놓은 무사_역주)가 있다.""삼남인 김정은은 교통사고로 중상을 입었다." 등의 말들을 접한 사람들도 많을 것이다. 장남인 김정남이 2001년 5월에 나리타공항에서 입국관리국에 구속(후에 강제퇴거 처분을 받았다.)되었을 때에도 그가 마치 김정일의 후계자인 것처럼 보도했던 매스미디어가 많았다.

나도 북한을 떠난 지 오래되었으므로 모든 일에 대해서 '진실은 이렇다.'라고 단언할 수는 없다. 다만 김정일 패밀리와 밀접한 관계를 가졌고, 오랜 기간을 함께 지냈기 때문에 어느 정도의 일은 정확하게 추측할 자신은 있다.

당 서기실의 일원이 되자 달라진 생활

북한, 그리고 김정일의 공식적으로는 결코 알려지지 않을 비밀까지 내가 알게 된 것은 어떤 이유에서일까? 단순히 내가 만드는 요리가 마음에 들었기 때문이라면 그렇게까지는 되지 않았을 것이다. 그 이유 중 하나로 북한 여성과 결혼하고 조선노동당원이 된 것을 들 수 있겠다.

북한에서 엄정녀를 아내로 맞이한 내게 김정일은 당원이 될 것

권유했으며, 1990년 설날에 당원증을 받아 정식으로 노동당원이 되었다. 그와 동시에 '박철(朴哲)'이라는 조선 이름을 부여받았다. 참고로 '박철'이라는 이름은 정철 대장이 유럽에서 사용하던 이름과 똑같은 이름이다.

북한에서는 노동당원이 되는 것이 최고의 명예인 만큼 그리 쉽게는 승인하지 않는다. '나는 지금부터 이런 사람이 되고 싶다. 그래서 당원이 되면 이러이러한 일을 하겠다.'라는 취지의 글을 쓴 신청서를 내고 난 뒤 수리가 되어야 한다. 나도 김정일에게 권유를 받았기 때문에 신청을 한 것이지만 처음에는 여러 번 거절당했다.

요리사라는 직업은 도제(徒弟) 제도가 남아 있는 직업이기 때문에 아래 사람을 가르칠 때에는 큰소리를 내거나 혼내는 일이 빈번하게 일어난다. 그런데 필요하다고 생각해서 화를 낼 때에도 그런 일이 모두 상부로 보고가 된다. 그런 후에 '후지모토는 화를 잘 낸다.'라는 평가가 내려져서 당원으로 받아들여지지 않는 것이다. 하지만 나는 요리사로서의 기술을 그렇게 혼나고 맞아 가면서 몸으로 배웠기 때문에 갑자기 바꾸려고 해도 쉽게 바뀌지 않는다.

그런 이유로 신청이 계속 거절당했는데 1990년 정월에 "후지모토, 이리 와!"라는 호출을 받고 김정일에게 갔더니, "이걸 가져가게."라고 하기에 받아 보니 당원증이었다. 오랜 염원이 이루어지는 순간이었다. 그리고 김일성의 이름이 새겨진 금시계도 받았으며, 그곳에 있던 사람들이 모두 일어서서 박수를 쳐 주었다.

그러나 당원이 되었다고 해서 생활이 크게 달라진 것은 아니었다.

달라진 것은 당의 일원이 되었다는 것이다.

1994년 7월 28일, 강동(32호)초대소의 사격장에서 사격을 즐긴 후 갑자기 김정일이 "후지모토, 이걸 받게."라고 하면서 건네준 것이 서기실 부원의 증명서였다.

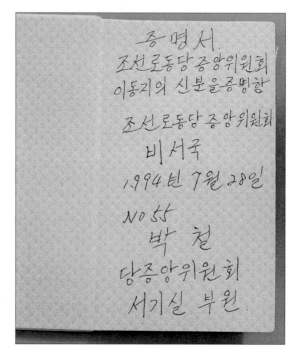

(증명서에 있던 글을 그대로 옮겨 적었다. 통상 '비서국' 은 일본어로 '서기국' 이며, '서기실' 은 남한에서는 '비서실' 로 통용된다.)

증명서와 함께 김정일이 입는 반팔 점퍼와 봄 · 가을용 긴팔 양복을 건네받았다. 그날 나는 얼마나 기뻤던지 잠을 이루지 못했다.

서기실 부원의 증명서라는 것은 아무리 김정일 옆에서 일을 한다

해도 조리사나 기쁨조 사람들은 갖지 못하는 것이다. 다들 보여 달라고 졸라대는 바람에 부러움을 한 몸에 받았다. 당중앙위원회 서기실 부원은 김정일의 전용 서기를 뜻하며, 그 주된 임무는 연회의 준비와 간부를 송영(送迎)하는 일 따위였다.

더욱 놀라운 것은 다음날부터 기사가 와서 차를 반짝반짝 닦아 주게 되었다는 것이다. 서기실 부원이 되니 이토록 대우가 달라지구나 하는 것을 매일 실감하게 되었다.

일본인임에도 불구하고 그런 중요한 임무를 맡게 되었으므로 더욱 자세하게 김정일 패밀리의 일상을 엿볼 수가 있었다. 대표적인 예로, 증명서를 받은 후에는 군대장들이 모이는 연회에도 참석하게 되었다.

군대장이 참석하는 그 연회에서는 "놈들을 쐈는가?"라며 김정일

▲ 왼쪽은 필자의 조수였던 김용훈. 열심히 지도한 것이 당원이 되는 족쇄가 될 줄이야!

이 군대장에게 묻는 모습도 볼 수 있었다. 군대장은 "네, 어제 쐈습니다."라고 대답했는데, 사실은 군 내부에 있던 불순분자를 총살한 사실을 말하는 것이었다. 한 번에 스무 명을 처형하는 것 같았는데, 강심장인 나도 한참 동안 떨리는 몸을 억누르면서 앞으로 행동을 조심해야겠다고 속으로 단단히 다짐했다.

또 다른 대장 연회에서의 일이다. 대장 중 한 사람인 김명국이 "전쟁이 일어나도 우리가 장군님을 지켜드리겠습니다. 지하실도 다 만들어 놓았습니다."와 같은 발언을 한 후 한참 동안 연회에서 보이지 않았다.

'지하실'이란 분명히 '핵쉘터(핵전쟁, 방사능 등에 대비한 완전 밀폐 가능한 지하 시설물_역주)'를 가리키는 것이며, 이것은 당의 간부에게도 비밀에 부쳐졌던 사안이다. 김명국은 취기가 올라 그 기세로 일급비밀을 누설해 버리는 바람에 혹독한 대가를 치르게 되었음이 분명했다.

나도 이 '핵쉘터'를 본 적은 없지만 어디에 있는지는 추측할 수 있다. 그것에 대해서는 내가 쓴 책 『핵과 여자를 사랑한 김정일』에 나와 있으므로 흥미가 있는 분은 읽어 보기 바란다.

클린턴에는 환호, 부시에는 탄식

요리사뿐만 아니라 서기실 부원으로도 김정일 가까이에 있을 기회가 많아졌으므로 각 나라의 수뇌에 대해서 김정일이 어떻게 보고 있는지에 대해서도 조금은 알 수가 있었다. 그 중에서도 특히 인상에 남는 것을 소개해 보기로 하겠다.

2000년이라는 해는 김정일에게 있어서 실로 바쁜 한 해였다.

6월에는 한국의 김대중 대통령과 평양에서 수뇌회담을 했으며, 7월에는 러시아의 푸틴 대통령이 방북을 했고, 또 10월에는 미국의 올브라이트 국무장관이 방문하는 등 큰 행사가 줄을 이었다.

이 해에는 먼저 김정일의 전격적인 중국 방문에 크게 놀랐던 기억이 있다.

김정일의 중국 방문은 5월 29일부터 31일까지 이루어졌다. 그 약한 달 전에 1년 6개월에 걸친 '연금' 생활에서 해방된 나는 묘향산초대소에 김정일 패밀리와 함께 머물고 있었는데, 5월 26일 밤에 김정일과 측근들이 평양에 돌아오므로 나에게 아이들과 함께 놀고 있으라는 지시를 받았다. 그러나 그 말을 들은 지 일주일이 지나도록 아무런 소식이 없었다. 나는 무척 걱정을 하고 있었는데, 6월 1일에 일본의 NHK의 위성방송을 듣다가 뉴스에서 "중국을 방문해서 강택민 주석과 회담을 마친 북한의 김정일 총서기가 열차로 북경을 출발해서 평양으로 향했다."는 소식을 접하면서 무척 놀랐다.

귀국 후에 있었던 연회 자리에서는 강택민의 이름은 나오지 않았지만 김정일은 시종일관 상기된 얼굴로, "중국에서 식사를 할 때 늘 '페리에(프랑스산 탄산 미네랄워터_역주)'가 나왔어. 어떻게 내가 '페리에'를 좋아하는 줄 알았을까?"

"중국은 근대화가 많이 진척되었다. 경제가 발전해서 백화점에서도 우리나라와는 비교가 안 될 만큼 많은 상품들이 즐비해 있다."라며 중국을 대대적으로 칭찬했다.

6월 13일에는 김대중 대통령이 평양을 방문했다. 이때 남북 간에 사상 최초로 수뇌회담이 이루어져서 남북공동선언문을 발표했으며, 김 대통령은 15일에 귀국했다. 나는 이때 원산초대소에서 정철 대장, 정은 대장을 상대하며 지냈다. 그러고 나서 얼마 지난 26일 밤 방에 있다가 갑자기 전화벨이 울려서 받았더니, "후지모토 이 바보야(김정일이 후지모토에게 전화할 때 늘 하는 멘트_역주), 빨리 센터로 와!"라는 것이었다. 급하게 서둘러 갔더니 김정일이 김대중 대통령으로부터 받은 선물이라며 막걸리를 간부들에게 대접하고 있었다. 나를 보더니, "후지모토! 아이들 상대하느라 고생이 많았지? 거기 앉아서 한 잔 하게."라며 내게도 막걸리를 권했다. 이 날은 부인 고영희의 생일도 겹친 터라 김정일은 시종일관 기분이 상기되어 있었다. 물론 김대중 대통령으로부터 막걸리와는 비교도 안 될 만큼의 어마어마한 액수의 '선물'을 받았기 때문이라는 것은 말할 것도 없다.

김정일은 이때, "김대중이 북한에 왔으니 나도 남한에 가야 하지 않을까?"라고 말했으며, 결국에는 측근들로부터 위험하다는 이유로 제지를 당했지만, 이 일을 통해서 생각해 볼 때 김대중 대통령의 방북에 대해서는 순수하게 기뻐하는 것처럼 느껴졌다.

푸틴 대통령과는 7월 19일에 평양에서 회담을 했다. 공산주의가 붕괴된 러시아의 대통령이라는 점 때문인지, "회담에 응하지 않을 수는 없겠지만, 100% 환영하는 것은 아니다."라며 김정일은 그 복잡한 심경을 연회석상에서 토로했다.

10월에 올브라이트 미국 국무장관이 클린턴 대통령의 친서를 가지고 왔다. 회담 다음날 우리가 기다리고 있던 초대소의 철판코너에 나타난 김정일의 기분은 더할 나위 없이 좋아 보였다. 언제나 우리를 위해 5만 달러의 팁을 준비하곤 했는데, 이 날은 10만 달러나 되었다. 역시 미국은 가장 신경 쓰이는 나라였던 것이다. 그러나 그 직후에 있었던 대통령 선거에서 조지 부시가 승리했을 때에는 "마음에 안 드는 녀석이 대통령이 되었어."라고 말했다.

그 전 해인 1999년에 무라야마 도미이치(村山富市) 전 수상이 '무라야마 방북단'으로 평양을 방문했다. 그때에도 김정일은 기분이 썩 좋아서, "어이 후지모토, 내일 무라야마가 오니 네가 공항에서 꽃다발을 건네라."며 농담을 할 정도였다.

오자와 이치로(小澤一郎)에 대해서는 유감스럽게도, "그놈은 보통내기가 아니야."라는 말밖에 기억나지 않는다.

TV 영상에서 사라져 버린 나

큰 고비 때마다 달라지는 김정일의 표정도 인상에 남아 있다.

1994년 7월 8일에 김정일의 아버지 김일성 주석이 사망했다. 국장(國葬) 첫날에는 나도 서기실의 일원으로 참석했다. 그 장면이 조선중앙 TV에 나왔던지 오랜 조문 행사를 마치고 집에 돌아오니, "아빠! TV에 아빠가 나왔어요."라고 가족들이 말했다. 그런데 다음날 TV 뉴스를 보다 보니 어쩐 일인지 화면 왼쪽 끝에 있어야 할 내가 사라져 버린 것이다.

이것은 나의 추측이지만 적어도 당일에는 김정일도 TV를 보지 못했겠지만, 관저에 있던 부인이나 가족 중 누군가가 그 장면을 보았을 것이다. 누군가가 "후지모토가 나왔다."고 보고했고, 곧바로 "후지모토를 영상에서 지워라."고 하는 지령이 떨어졌을 것이다. 첫날은 생방송이었기 때문에 무심코 일본인인 나를 그대로 내보낸 것이다.

김일성 주석이 사망한 후에 한동안은 김정일을 만나지 못했는데, 7월 중반이 지나서 얼굴을 보니 혼이 빠져나간 듯 얼굴이 많이 초췌해 보였다.

그리고 나서 얼마가 지나자 보천보 전자악단이 김일성 주석이 좋아하던 곡을 연주했는데, 김정일은 직접 지휘를 하면서 눈물을 글썽이고 있었다. 그때 나도 모르게 따라 울었더니 김정일은 "후지모토도 울어 주는구나."라고 말하면서 더욱 슬프게 울었다.

그렇다고는 하나 최고 지도자인 만큼 약한 모습을 내게 보인 것은 이때 딱 한 번뿐이었다. 역시 지금까지도 내 기억 속에 남아 있는 것은 대부분이 기분 좋을 때의 김정일의 모습이다.

1995년 말에는 한 군대장이 핵 로켓 23기가 완성되었다고 김정일에게 보고했고, 김정일은 만족스럽게 고개를 끄덕였다.

1998년 8월 31일에는 '인공위성' 발사가 있었다. 이 날도 김정일은 무척 기뻐했다. 군대장 일곱 명을 원산초대소로 불러서 간부 25명을 포함한 대대적인 파티를 열었다. 이것으로 강국의 대열에 어깨를 나란히 하는 것이라며 발사의 성공을 기뻐했다. 물론 해외 언론에서는 '발사는 실패' 또는 일본처럼 '탄도미사일 대포동 발사 실험'으로 해석하고 있었다. '인공위성 발사 성공' 은 북한 내부에서만 통용되는 이야기이기는 하다.

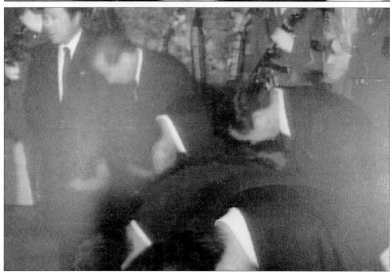

▲ 김일성 주석 사망 때 서기실 일원으로 장례에 참가해 TV 영상에 찍힌 필자
생방송이기에 가능했던 해프닝이었다(왼쪽 끝)

이 해 9월에는 김정일이 국방위원장으로 재임했고, 이틀간에 걸친 파티가 열렸다. 팁이 여기저기서 날아오고 파티가 끝난 뒤에는 한 사람 한 사람에게 선물도 뿌려졌다.

파티라고는 하지만 매년 7월 27일은 한국전쟁 휴전협정을 조인한 날로, 북한 내에서는 이 '전승기념일'을 최대의 축일로 지내 여기저기에서 술을 마시며 야단법석을 떤다. 김정일도 이틀 내내 성대한 파티를 열곤 했다.

또 매년 8월 15일이 되면 김정일은 언제나, "후지모토! 오늘은 일본이 항복한 날이지."라며 기분 좋은 얼굴로 말을 걸어왔다.

▼ 1996년 강원도 강릉 해변에 좌초된 채 발견됐던 북한 잠수함

"일본의 경비는 허술해"

동해에 맞닿아 있는 함흥초대소에서 20여 킬로미터 떨어진 장소에 있는 비밀 군사공장에 대해서는 『김정일의 사생활』에도 언급이 되어 있는데, 나는 이 공장의 입구 근처에서 4, 5척의 최신형 소형 잠수함을 목격했다. 1990년경의 일이다.

김정일은 자주, "후지모토, 일본은 해안 경비가 허술해. 우리 잠수함이 몇 차례나 가까이까지 가고 있어."라고 말했다. 아마도 잠수함으로 일본 근처의 해변까지 가서 고무보트로 상륙해 일본인을 납치하고 있는 것 같았다. "자위대도 허술해. 일본은 섬나라이기 때문에 좀 더 삼엄한 경비를 하지 않으면 안 되지 않나?"라고도 말했다.

분명히 북한의 연안 경비는 삼엄하다. 예를 들어, 원산에는 100미터 간격으로 주둔지가 있으며, 눈보라가 치는 한겨울에도 보초가 서치라이트를 켜면서 24시간 경비를 하고 있다. 항구에는 잠수함이 다수 정박하고 있고 공군기지도 있다.

2001년경에는 김정일이 일본 지도를 손에 들고 있는 것을 본 적이 있다. 그 지도에는 일본의 모든 산들의 등고선까지 빽빽하게 그려져 있었다. 침공하여 상륙했을 때를 대비해서 일본에 관한 정보라면 무엇이든지 파악하려고 하는 것 같았다. 그것을 보았을 때는 나도 등골이 서늘해지는 것을 느꼈다.

마찬가지로 등골이 오싹해짐을 느낀 것이 사격장에 있는 '과녁'이다.

초대소에서는 종종 김정일과 부관, 간부가 사격 실력을 겨루곤 했다. 나도 처음에는 방아쇠를 당기는 것이 고작으로, 물론 과녁은 한번도 맞힌 적이 없었는데 실력이 늘게 되자 자주 불러 주었다. 초대소 안에는 옥외사격장 설비가 있는 곳이 있는데, 그 표적은 미군 병사나 과거 일본군 병사의 모습을 하고 있었다. 나는 마치 동지를 향해 총을 쏘는 기분이 들어서 그곳에서 사격하는 것이 썩 내키지 않았다.

위험한 장난

일본인의 신분으로 김정일의 사랑을 받고 있는 나를 고깝게 여기는 사람도 당연히 있었다.

2000년 7월의 어느 날, 김정일과 함께 원산초대소에서 해수욕을 하기 위해 전용선으로 가던 중에 생긴 일이다. 가는 도중에 경치가 빼어난 장소가 있어서 나는 재빨리 스노클(숨 대롱)을 달고 바다로 뛰어들었다. 그러나 곧바로 호흡 곤란에 빠져서 서둘러 스노클을 벗고 수면 위로 얼굴을 내밀어 숨을 쉬었다. 반 실신 상태가 된 나를 보고 김정일은 "무슨 일이야? 조금 쉬어."라고 말했다. 나는 김정일한테서 조금 떨어져서 스노클을 살펴보았다. 그랬더니 대롱 사이에 딱딱하게 말린 종이가 끼워져 있었다.

도대체 누가 그런 짓을 했을까? 김정일에게는 이 일을 말하지 않았지만 나름대로 '범인'이 누구인지 추측할 수 있었다. 이름은 밝히지 않겠지만, 나와 함께 일본으로 물건을 구입하러 갔던 사람이 아무래도 수상쩍게 생각되었다. 당시에 조금 문제가 생겨서 북한으로 돌아온 후 그 사람은 1년간 교육농장으로 보내지는 벌칙 형을 받았는데, 나는 받지 않았다. 사실 그 사람이 나를, '감히 일본인 주제에……'라고 생각해서 앙심을 품었다 해도 이상한 일은 아니다.

스노클로 장난친 것이기 때문에 물론 사람이 죽고 살 일은 아니라 해도, 호흡을 못하게 만든 것은 분명히 장난의 차원을 넘어선 것이다. 그때 나는 김정일에게 신뢰를 받고 있다는 것이 누군가의 질투를 유발하고 앙심을 품게 할 수도 있다는 사실을 깨달았다.

납치에 관여하다

앞에서도 언급했듯이 내가 북한에 있을 때는 일본인이 납치당했다

◀ 납치에 관여한 혐의가
있는 김남수(일본 명,
고바야시). 뒤쪽으로 옆
얼굴이 보이는 사람은
초대소에서 김정일의
요리를 만든 장두봉(81
과의 조리과장)

◀ 엄정녀와
아시아 신혼여행 사진

는 사실을 알지 못했다. 만약 그때 알았더라면 어떤 경로든 정보를 입수할 수 있었을 텐데 많이 아쉽다. 그러나 한편으로는 2002년 9월에 고이즈미(小泉) 수상의 방북이 좀 더 빨랐다면 내가 북한에 있을 때 일본인 납치 문제가 밝혀졌을 가능성도 있었을 터이고, 그렇게 되었다면 나는 일본으로 무사히 출국할 수 없었을지도 모른다. 그래서 무척 복잡한 심경이 된다.

최근에 한국인 납치 피해자 사건에 대한 일본의 보도를 접하게 되었는데, 내가 북한에 있을 때 납치당한 한국인이 아닐까 생각되는 사람들이 기억난다.

1990년 초에 늘 그랬듯이 떠들썩하게 연회가 열리고 있을 때였다. 김정일이 갑자기 "우리나라로 망명해 온 한국인이 노래를 하고 싶다고 한다. 내일 모두 함께 들어 보자."라고 말해 다음날 대동강초대소로 갔다.

무대의 막이 오르자 젊은 한국인들이 등장했다. 네 명의 보컬들이 자기소개를 했는데 억양이 분명히 남쪽 사람의 것이었으며 노래와 연주도 무척 훌륭했다.

이것은 어디까지나 나의 상상에 지나지 않지만, 그들의 어딘가 모르게 슬픈 표정, 그리고 너무나도 훌륭한 연주와 노래를 듣다 보니 악단이나 음악 서클의 젊은이들을 납치해 온 것이 아닐까 하는 생각이 들었다. 물론 북한을 신봉하는 좌익운동가와 같은 한국인도 없지 않기 때문에 정말로 망명해 왔을 가능성도 있어 단언할 수는 없지만 말이다. 그러나 그들의 모습을 그날 이후에는 한 번도 본 적이 없다.

이번에는 위험을 감수하면서, 납치에 관여한 것으로 의심되는 사람에 대해서 이야기를 할까 한다.

옆의 사진에 찍힌 사람은 김남수(일본명, 고바야시(小林))다. 이 남자는 김정훈(일본명, 야마다(山田))과 함께 태국에서 여성을 납치한 혐의가 있다.

1982년에 처음으로 북한에 건너 온 직후 나는 유라쿠초(有樂町) 역 앞 빌딩에 있는 닛초(日朝) 무역상사를 가끔 방문했는데, 그때 이 고바야시가 출입하는 것을 여러 차례 본 적이 있다. 꽤 미남이었기 때문에 뚜렷이 기억하고 있다. 나는 이 닛초 무역상사를 통해 북한에 가게 되었다.

그 후 나는 북한에 가서 '안산관'에서 일을 했는데, 그 곳에 두세 번 고바야시가 인사를 하러 찾아왔다. 사실 내가 북한에 오기 2개월 정도 전에 태국에서 여성들을 끌고 와서 안산관에서 매춘을 시킬 작정이었던 것 같다. 그런데 닛초 무역 회장의 반대가 심해서 결국 매춘은 할 수 없었고, 그때 끌려온 열 명은 태국으로 귀국했다. 사실 고바야시한테 끌려왔다는 사실을 나는 나중에 그녀들로부터 들어 알게 되었다. 일본에서 일을 한다고 속이고 데려왔던 것이다.

이 고바야시는 내가 엄정녀와 결혼하고 아시아 전역으로 신혼여행을 다닐 때 안내인으로 동행했었다. 당시는 그런 경위가 있었는지 전혀 몰랐기 때문에 얼굴을 아는 그에게 친근하게 말을 걸곤 했었다. 그 후 1991년경에 조리사들과 함께 싱가포르로 식재료 조달과 조리 방법을 배우러 갔을 때에도 이 고바야시가 안내인으로 동행했다. 그런 점에서 볼 때 고바야시는 김정일과 긴밀하게 연결되어 있다고밖에 생각할 수 없다. 만약 김정일과 긴밀하게 연결되어 있다면 그가 여성의 '조달' 등에 관여한 것은 태국뿐이 아니었을 것이다.

만약 이것이 납치의 형태라면 정말 끔찍한 일이 아닐 수 없다. 그리고 만약 김정일이 어떠한 형태로든 관련되어 있다면, 정은 대장에게 지도자의 자리를 물려주기 전에, 반드시 그 문제를 해결하기 바라는 바이다.

대를 이은 후계자 만들기

◀ 2대 후계자 김정일이 처음 공개되었던 1980년 10월 19일자 〈노동신문〉 1면. 김일성과 김정일 사이에 오진우 인민무력부장이 앉아 있다

◀ 3대 후계자 김정은이 처음 등장한 2010년 9월 30일자 〈노동신문 1면〉. 위의 사진과 비교해 볼 때 2대 세습 때와 3대 세습 때의 〈노동신문〉 1면이 똑같이 닮아 있다. 김정일과 김정은 사이에 이영호 총참모장이 앉아 있다.

▲ 당 정치국 상무위원겸 국방위원회 제1부위원장의 빈소를 조문한 김정일 국방위원장과 후계자 김정은. 유가족들과 만나 일일이 악수를 나누며 위로를 하는 모습이 꼭 닮아 있다

▲ 2010년 10월 당 창건 65주년 기념 새로 건설된 국립연극극장을 돌아보고, 새 주택에 갓 입주한 예술인들에게 한 손으로 술을 따라주는 김정일, 김정은. 서로 닮은꼴이다

제7장

북한은 어디를 향해 가고 있는가?

한국에 대해서는 어린 시절에 '남조선 놈'이라고 말하며
그다지 좋은 인상을 갖고 있지 않다는 느낌을 받았다.
그렇게 말했던 것은 북한의 도발에 대비한
한미합동 군사훈련이 행해졌을 때였다.

김정일의 건강에 대한 불안감과
후계 체제 구축에 대한 조바심

김정일의 후계자 문제가 크게 주목을 끄게 된 것은 주지하는 바와 같이 2008년 여름 이후로, 김정일의 동정이 일정 기간 알려지지 않고 건강 악화설이 전해지고 나서부터였다. 뇌졸중이나 뇌에 어떤 장애가 일어났을 가능성이 높고 왼손에 약간의 마비 증세가 후유증으로 남았다는 것은 분명해 보인다.

내가 북한에 있을 때부터 김정일은 늘 다섯 종류 이상의 약을 복용했었다. '장(臟)'이라는 글자가 붙는 곳에 관계되는 약은 예방을 포함해서 뭐든지 복용했다고 해도 과언이 아니다. 그 중에는 당뇨병 치료약도 포함되어 있었는데 인슐린 주사를 맞는 것 같지는 않았다. 김정일이 약을 먹으면서, "나는 평생 이걸 먹어야 하나?"라며 푸념하던 모습이 기억난다. 식사와 관련하여 의사로부터 종종 먹지 말아야 하는 음식에 대해 경고를 받기도 했다.

북한은 공식적으로 김정일의 건강 악화를 인정하지 않고 있지만, 10년 이상 전부터 이른바 '인간 종합병원'과도 같은 몸이었던 김정일의 건강 상태가 악화되었다는 것은 충분히 있을 수 있는 일이다. 실제로 최근에 북한 발 영상을 통해서 보는 김정일의 모습은 내가 보아도 애처로울 만큼 야위어 있다. 예전에는 살집이 좋은 몸이었는데 이제 그 모습은 온 데 간 데 없고 어깨 폭이 한결 좁아졌다. 위압감이라고는 전혀 찾아볼 수 없고, 내가 옆에 있을 당시의 에너지 넘치는 모습도 어디에서도 찾아볼 수 없다. 박수를 칠 때도 오른손에 왼손을 갖다 대는 것이 고작이니 뇌혈관 장애의 후유증일 가능성이 크다.

뇌혈관 장애는 처음에는 살아나더라도 두 번째는 치명적이 된다. 뇌경색이었던 나의 부친과 큰아버지도 그랬다. 또 제2장에서 언급했듯이 부인 고영희도 2000년 말에 가벼운 뇌경색을 일으켰다. 평소에 즐기던 자장면을 먹으려고 막 젓가락을 들다가 젓가락을 떨어뜨리고는 주울 수도 없는 상태가 되었다. 그때는 프랑스에서 치료를 받고 짧은 기간 안에 회복했지만, 2004년에 사망한 것은 아마도 뇌경색이 재발했기 때문이 아닐까 하고 나는 생각하고 김정일도 다시 뇌에 이

▲ 2010년 6월 5일 남흥 청년화학복합단지를 시찰하고 있는 김정일. 모습이 부쩍 수척해 보인다

상이 생긴다면 심각한 일이 될 것이다.

만약 후계 체제가 확립되지 않은 채 김정일이 사망한다면 혼란이 일어날 것이다. 집단지도 체제로의 이행 등이 일부 전문가나 매스컴 사이에서 거론되고 있지만 북한으로서는 위험한 선택이다. 김정일이 건재하는 동안 절대적이었던 조선노동당의 통제가 무너지고, 경우에 따라서는 군인들이 정권을 잡으려는 움직임이 일기 시작할 가능성도 충분히 생각할 수 있다.

김정일로부터 때마다 내리는 하사품을 받거나 온갖 은혜를 입어온 군의 대장급은 차치하고라도 그 밑에 있는 장교나 일반 군인에게는 그 정도의 은혜는 베풀지 않았고, 현 체제에 불만을 가진 사람들이 적지 않을 것이다. 그런 군인들이 쿠데타라도 일으킨다면 대혼란이 일어날 것이다. 그렇게 되면 김정일 패밀리도 위험한 지경에 처할 수 있다.

그럴 가능성을 김정일이 예상하지 않을 리 없다. 그렇기 때문에 더욱 안정된 후계 체제는 세습에 의한 길밖에 없다고 김정일은 생각했을 것이다. 건강에 불안감을 느낀 김정일은 자신이 살아 있는 동안에 빨리 정은 대장에 의한 후계 체제를 굳혀서 가능한 한 공식 석상에서도 정은을 후계자로서 등장시키고 싶다는 생각을 갖고 있는 것은 아닐까. 설령 정은 대장의 후계에 일말의 불만을 품는 사람들이 있다 하더라도 김정일이 공식적으로 결정한 일에는 절대로 거역하지 못하기 때문이다.

그런 후계 작업에 한 획을 그은 것이 2010년 9월 상순, 44년 만에

열릴 예정이었던 조선노동당 대표자회의다. 9월 21일 현재 대표자
회의는 연기되었고, 9월 28일에 개최된다고 전해진다.(후지모토 씨
가 이 책의 집필을 끝낸 당시는 조선노동당 대표자회의가 열리기 직
전이었다. 2010년 9월 28일 조선노동당 대표자회의에서 김정은이
인민군 대장 칭호에 이어 '노동당 중앙군사위원회 부위원장'에 임명
되면서 후계자로 공식 부각되었다._편집자 주)

정철은 '보좌관', 정남은 '대변인'

안정된 후계 체제를 구축하기 위해서는 김정일이 건재하는 동안에
정은 대장이 후계자로 지명되는 것만으로는 충분하지 않다. 그 후 장
성택으로부터 4, 5년에 걸쳐서 정치의 노하우를 배우면서 당과 군을
확실하게 장악해 나갈 필요가 있을 것이다. 특히 군을 통제해 나갈
수 있을지의 여부가 중요하다고 생각된다.

더욱이 정은 대장이 김정일로부터 정식 후계자로 지명되면 '군의
통제는 의외로 쉬워지지 않을까.' 하고 나는 생각한다. 이 책에서 이
미 밝혔듯이 정은 대장은 그를 칭송하는 노래 '발걸음'이 발표된
1992년경부터 군대장들과 함께 회식을 하거나 오락도 함께 즐기곤
했다. 따라서 정은 대장과 군의 최고 간부와의 신뢰관계는 어느 정도
형성되어 있다고 할 수 있다.

장성택은 두 명의 형이 최근에 사망하고 나서 군과의 연결고리가
끊어졌다는 지적도 나오고 있다. 하지만 그는 형의 죽음으로 인해 군
과의 관계가 갑자기 끊어질 정도로 허술한 인물이 아니라고 생각된

다. 2010년 6월에 장성택은 국방위원회 부위원장으로 선출되었다. 정은 대장이 군의 최고 간부와 친교가 있고, 장성택도 얼마간의 권위로 군을 압박한다면 군을 통제하는 일이 가능하지 않을까?

한편 정은 대장의 친형인 정철 대장은 이 책에서 자세하게 언급했듯이 온화한 성격을 지녔다. 어릴 적부터 동생이 먼저 나서도 화내지 않았으며 그것을 부끄러워하는 기색도 없었다. 따라서 정철은 후계자가 된 동생 정은과 대립하거나 각을 세우지 않고 든든하게 보좌할 것이라고 나는 생각한다.

정은 대장이 후계자가 되면 이복형인 김정남은 제거되는 것이 아닐까 예상하는 전문가도 있지만 나는 예전부터 그 설을 부정하고 있다. 처음부터 후계자 경쟁구도에 참여하지도 않은 사람을 어째서 죽일 필요가 있을까? 오히려 정남은 이대로 홍콩이나 마카오에서 외유하게 하고 유럽에도 오가게 하면서 북한의 대변인을 시키면 좋지 않을까 생각한다. 정남은 해외 경험이 풍부하고 어학에도 능통하기 때문에 대외적인 대변인에는 최적격이다.

그리고 이미 이 책에서 지적했듯이 고영희가 사망한 후에 김정일의 사실상의 정부인이 된 옥이 동지가 정은 대장을 음지에서 지원해 나갈 것이다.

국제사회에서 인정받는 나라 구축을

북한이 정은 체제가 되면 어떤 변화가 올까? 나는 2, 3년 동안은 지금처럼 쇄국책을 쓸 것이라고 생각한다. 세습인 이상 급격한 방향

전환은 할 수 없다. 지금까지의 통치 방법을 일정 기간은 관철해 나
가지 않으면 안 될 것이다.

그러나 5, 6년이 지나면 자신의 주장도 조금씩 통하게 될 것이다.
당과 군 간부도 조금씩 젊은 층으로 바뀌어 가지 않을까 생각된다.
만약 그렇게 되면 북한의 정책도 서서히 변화되어 가지 않을까?

김정일과 달리 정은 대장은 어릴 적부터 유럽 등지의 서방 사회를
직접 보고 자유로운 사회를 피부로 체험했다. 외국에서는 어디를 가
도 상점에 물건이 넘쳐나고 있는데 자국은 그렇지 않다는 것, 북한의
체제에 문제가 있다는 것을 어느 정도는 파악하고 있을 터이다.

납치와 마약 매매, 위조 달러 제조 등을 계속해 간다면 국제사회에
서 동등한 위치에 설 수 없다. 또 예전의 일본처럼 '쇄국'의 상태를
지속해서는 발전해 나갈 수 없다. 모든 납치 피해자를 돌려보내고,
마약과 위조 달러를 비롯한 불법적인 공작 활동을 그만두고 올바른
외교를 하고 각 나라와의 통상의 무역으로 이익을 올리는 정책을 취
하면 국제사회로 편입될 수 있다. 북한 국민에게도 출국의 자유를 주
고 국내에 일자리가 없어도 해외에서 외화벌이를 할 수 있게 된다면
생활도 서서히 향상되어갈 것이다. 정은 대장이 그런 방향으로 북한
을 끌고 나간다면 일본과 미국과의 국교 정상화도 실현될지 모른다.

내가 보는 한, 김정일도 일본과 미국과의 관계가 회복되기를 바라
고 있다. 김정일은 고영희가 귀국한 재일교포라는 점 때문인지 일본
의 좋은 점에 대해서는 높이 평가하고 있었다. 가령 식품의 안전성이
나 택시의 청결도, 일본의 기술력 등에 대해서이다. 사실을 말하면,

김정일은 일본에 대해서 꽤 호감을 갖고 있는 것 같아 보였다.

한편으로 1990년에는 김정일이 "우리나라가 한국이나 일본을 뛰어 넘어 미국과 손을 잡으면 한국과 일본은 어떻게 생각할까?"라는 말을 한 것을 들은 적이 있다. 이것은 대미관계의 개선에 강한 의욕을 갖고 있다는 증거다.

서방 세계를 피부로 체험해 알고 있는 정은 대장은 김정일과 마찬가지로, 혹은 그 이상으로 일본과 미국과의 관계 개선의 중요성을 느끼고 있다고 생각한다. 한국에 대해서는 어린 시절에 '남조선 놈'이라고 말하며 그다지 좋은 인상을 갖고 있지 않다는 느낌을 받았다. 그렇게 말했던 것은 북한의 도발에 대비한 한미합동 군사훈련이 행해졌을 때였다. 그러나 스위스에 유학하고 나서는 그런 발언은 하지 않게 되었다. 시야가 넓어져서 같은 민족인 이웃나라를 소중하게 생각해야 한다는 생각이 싹텄던 것일까. 지금은 보다 냉정한 눈으로 한국과의 관계 개선의 필요성도 생각하고 있을 것이라고 여겨진다.

또 핵에 대해서는 정은 대장이 후계자가 된다 하더라도 그리 간단히 손을 떼지 않을 것이다. 핵 보유는 북한이라는 나라를 존속하게 하기 위한 수단이라는 사고방식이 김정일에게 강하다. 핵을 사용하는 것은, 한 발을 쏘면 열 배로 되돌아오기 때문에 자살행위나 다름없다. 그렇기 때문에 결코 핵을 사용하지는 않을 것으로 보이지만, 핵을 보유하는 것 자체는 미국 등의 핵 공격을 봉쇄하는 억제력이 되고 있다는 신념이 김정일에게 있다. 그런 사고방식은 정은 대장이 후계자가 되더라도 쉽게 버릴 수 없을 것이다.

그러나 정은 대장이 선두에 서서 불법 행위를 중단하고, 북한이라는 나라가 국제사회로부터 인정을 받게 된다면 핵을 보유하는 의미도 옅어지지 않을까. 전력 부족이 심각한 북한에서 핵은 무기로서만이 아니라 국가의 발전을 위한 평화적인 이용으로 방향 전환을 해야 할 것이다.

정은 대장이 가까운 장래에 북한이 안고 있는 많은 문제들을 해결하고 국제사회에 편입할 수 있는 방향으로 이끌어 주기를 간절히 바란다.

후기

정은 대장이 일곱 살 때부터 열여덟 살이 될 때까지의 긴 시간을 함께 지냈기 때문에 그가 마치 친 자식처럼 느껴질 때조차 있었다. 그 느낌은 지금도 다르지 않다.

지금도 문득문득 생각나는 것이 김정은의 웃는 얼굴이다.

제3장에서 언급한 다섯 시간에 걸친 '회담'이 한창 진행되던 중에 정은 대장은, "그 팩스를 보고 후지모토의 기분을 알 것 같았어. 힘든 일을 겪었었던 것 같아. 정말 공화국으로 잘 돌아와 주었어."라고 말했다.

1996년에 나는 일본으로 식재료를 구입하러 갔다가 입국관리법 위반으로 체포되었고, 석방 후에는 잠시 동안 오키나와에 머물렀었다. 앞에서 말한 '그 팩스'란 그때 내가 김정일 앞으로 보냈던 팩스를 말하는 것이다.

그래서 나는 그 당시 내가 꾼 꿈에 대해서 이야기를 해 주었다.

일본의 한 여관에서 입주 요리사로 일하고 있는데 갑자기 정은 대장이 눈앞에 나타났다. 깜짝 놀라는 나를 향해 정은 대장은 이렇게 말했다. "후지모토! 함께 공화국으로 돌아가자." 내가 정은 대장의 두 손을 꼭 잡는 순간 꿈에서 깼다.

이 이야기를 들은 정은 대장은, "그런 꿈을 다 꾸었구나!"라며 지금까지 본 모습 중에서 가장 환한 웃음을 보여 주었다. 지금도 그 얼굴이 뇌리에 남아 있다.

그런 정은 대장이 북한을 통치할 날이 그리 멀지 않은 것 같다.

즐거운 시간을 함께 보낸 '친구'로서 나의 부탁을 들어주기를 바라는 마음이다.

정은 대장,
장군의 정은 후계를 향한 체제 만들기가 착실히 진행되어 가고 있는 것 같군요.
북조선이라는 나라에는 많은 문제들이 쌓여 있습니다. 국내 문제는 물론 앞으로는 다른 나라와의 관계가 매우 중요해집니다. 자국의 이익만을 생각해서는 안 됩니다. 때로는 손해가 되는 거래도 울며 겨자 먹기로 해야 할 필요가 있습니다. 현재의 북조선은 국제사회에서 도움 받는 부분이 많기 때문입니다.

국제사회는 일정한 규칙 위에 성립되어 있습니다. 그러나 북조선은 그 규칙을 무시하고 있습니다. 규칙을 무시하고서는 국제사회의 일원으로서의 역할을 제대로 할 수 없습니다.

정은 대장의 시대가 되면, 정치를 제대로 잘해 주십시오. 북조선이 바로잡아야 할 일을 바로잡아 고쳐 나간다면 반드시 다른 나라로부터 인정을 받게 될 것입니다.

새로운 지도자로서 세계 여러 나라와 어깨를 나란히 하여 국제사회로 하루빨리 편입될 수 있기를 바랍니다.

후지모토 겐지

전 요리사 박철로부터

▲ 북한에서의 후지모토 겐지

후지모토 스토리

"나는 어떻게 김정일의 요리사가 되었나?"

북조선에서 초밥을 만들다

1982년 6월 어느 날의 일이다. 초밥 요리사로 일하던 내게 일본조리사협회 이타바시 회장이 전화를 걸어 왔다. "북조선(북한)에서 일해 보지 않겠는가?" 이타바시 회장은 느닷없이 이런 말을 꺼내고는 계속해서 설명을 이어갔다. "닛초 무역상사에서 급히 초밥 요리사를 구해 달라고 하는데 마땅한 사람이 없어서 말이야. 월급도 50만 엔(한국돈 700만 원 상당)이나 되는데 말이야. 어때, 자네 생각 없나?"

당시로서는 파격적인 대우에 구미가 당겼다. 하지만 당시 일본과 국교를 맺고 있지 않은 북조선에 대해 나는 아는 것이 없었고 그런 나라에 가면 다시 일본으로 못 돌아올 것 같아 걱정이 되었다. 대답을 망설이다가 우선 가족과 의논해 보겠다고 하고 전화를 끊었다. 그날 밤 집으로 돌아와 가족들에게 이야기를 꺼냈더니 예상대로 결사반대였다.

거듭 말리는 가족들에게 월급이 50만 엔이라는 점과 5개월에 한 번은 귀국할 수 있다는 점, 계약 기간이 1년이니 곧 돌아온다는 점, 그리고 북조선에 일본 대사관은 없지만 연락사무소 정도는 있으니 무슨 일이 생겼을 때 피신할 수 있을 테니 걱정할 것 없다는 등의 말을 되풀이해서 겨우 허락을 받을 수 있었다.

정말로 북조선은 안전할까, 나는 무사히 돌아올 수 있을까……. 그때만 해도 내가 김정일 앞에서 초밥을 만들게 되리라고는 상상조차 하지 못했다.

북조선에 가려면 중국 북경을 경유해야만 했다. 북경에서 우리는 북조선 대사관에 비자를 신청했다. 그날 밤 내내 나는 흥분과 긴장으로 뜬눈으로 지새우다시피 했다. 다음날 북경공항에서 조선민항(현 고려항공)의 비행기를 타고서야 북조선으로 간다는 것을 실감할 수 있었다.

북조선에 도착한 후에는 불안과 설레임으로 두 달이 눈 깜짝할 사이에 흘러갔다.

1982년 10월 21일. 느닷없이 안산관 책임자로부터 "후지모토 씨, 20~30인분의 초밥 재료를 준비해 놓으십시오." 하는 말을 들었다. 얼마 후 안산관 앞에 벤츠 세 대가 멈춰 섰다. 우리를 데리러 온 차였다. 나 외에 일본 출신의 노래방 마담과 호스티스 두 명, 그리고 태국인 호스티스 네 명도 함께 탔다. 두 시간 반쯤 달렸을까. 도착한 곳은 해변에 있는 5~6층 남짓의 건물이었다. 그곳이 '원산초대소'라는 사실을 나중에 알았다.

초밥 만들 준비를 하는 동안 잠시 쉬었다가 나는 가볍게 목례를 한 후 초밥을 만들기 시작했다. 웨이터들은 초밥이 담긴 접시를 연회장에 있는 사람들에게 쉴 새 없이 날랐다. 그러던 중 누군가가 나를 향해 큰 소리로 말했다. 임상종이 내게 와 내가 만든 초밥이 뭐냐고 그 사람이 묻는다고 전해 주었다. 내가 "마구로노 토로데스"라고 대답하자, 임상종은 다시 그 사람에게 다가가 '다랑어의 뱃살 부분'이라고 통역해 주었다. 그러자 그 사람은 나를 향해 다시 소리쳤다. "다랑어 뱃살, 원 모어!"

그 사람이 바로 김정일이라는 사실을 나는 다음날이 되어서야 알

앉다. 그 무렵 김정일은 아직 장군이 아니었으며, 단지 '친애하는 지도자 김정일 동지'로 불리고 있었다.

내 가슴이 마구 요동쳤다. 내가 한 나라의 거물 앞에서 일했다는 사실이 믿어지지 않았다. 그 당시 김일성이 북조선의 최고 권력자였지만, 머지않아 그 뒤를 잇게 될 인물이 김정일이었다. 그런 줄도 모르고 나는 그 사람 앞에서 아무렇지 않게 초밥을 만들고 그 사람은 내가 만든 초밥을 아주 맛있게 먹었던 것이다. 당시 김정일은 열흘에 한 번 정도는 나를 찾았다. 그리고 내가 만든 초밥을 순식간에 먹어 치우곤 했다.

그렇게 세월은 빠르게 흘러 일본의 황금연휴 기간인 5월로 접어들 무렵, 나는 계약 기간 1년을 다 채우지 못하고 북조선을 떠났다.

귀국 후 나는 쌓인 피로를 풀며 두 달 정도 한가롭게 지냈다. 그러고 나서 일을 찾아야겠다고 생각할 즈음 아는 사람이 찾아와 초밥집 한 곳을 소개해 주었다. 가와고시 시에 있는 사카에스시라는 초밥집이었다. 가와고시 시내 이시하라초에 있는 사카에스시는 단골손님도 많고 제법 이름도 알려진 초밥집이어서 일단 나는 거기서 일하기로 결정했다.

하지만 사실 나는 그때부터 북조선에서의 생활을 그리워했다. 김정일 앞에서 초밥을 만들던 모습을 떠올리며 회상에 잠기곤 했다. 그러던 어느 날 나는 무엇에라도 홀린 듯 유라쿠초에 있는 닛초 무역상에 전화를 걸었다. 그리고 "지금 가와고시의 초밥집에서 일하는데, 다시 북조선에서 일하고 싶으니 혹시 요청이 있으면 연락해 달라."고 부탁했다.

세월이 흐른 어느 날 남자 세 사람이 식당 문을 열었다. 그 중 한 사람의 얼굴을 보는 순간 나는 깜짝 놀랐다. 북조선에서 내 통역을 담당했던 임상종이었다. "후지모토 씨, 오랜만입니다." 임상종을 보자 나도 모르게 옛날 그 시절이 떠올랐다. 나는 얼른 정신을 가다듬고 "정말 오랜만이군요."라고 화답했다. 그러자 임상종이 말을 이었다. "다시 한 번 우리나라를 찾아주시지 않겠습니까?"

아, 이날이 오기만을 얼마나 기다렸던가!

북조선에서 다시 일하다

1987년 8월, 북조선 땅을 다시 밟게 된 나는 고려호텔 지하식당에

▲ 평양 8번초대소 연회장 철판코너에서 김정일이 찍은 사진(맨 오른쪽에서 두 번째가 필자. 이곳에서 철판요리, 초밥 등을 만들었다)

서 일하기 시작했다.

돌아온 이튿날 오후, 지배인으로부터 20~25인분의 재료를 준비해 두라는 말을 들었다. 나는 '드디어 때가 왔다.'고 직감했다. 설레는 마음으로 재료를 준비하며 기다리고 있으니 차가 도착했다는 전갈이 왔다. 대기하고 있던 벤츠를 타고 도착한 곳은 바로 8번초대소 연회장 철판구이 코너였다. 나는 차 안에서 통역 담당인 임상종에게 미리 북한말로 인사하는 법을 배웠다.

김정일이 나타나자 나는 북한말로 "친애하는 지도자 동지, 오래간만입니다."하고 인사했다. 김정일도 화답했다. "정말 오래간만이야." 그는 감회에 젖은 듯 나를 바라보며 물었다. "이번에는 뭔가 특별한 재료라도 가져왔는가?" "유부초밥을 가져왔습니다." "그게 뭔가?" "재료는 두부입니다." 나는 두부로 유부 만드는 법에서부터 유부초밥의 조리법까지 자세하게 설명했다.

김정일은 다 듣고 나더니 빨리 먹어 보고 싶다고 했다. 그러나 내가 "유부초밥은 단맛이 있기 때문에 가장 마지막에 드시는 것이 좋습니다."라고 설명하자 김정일은 아쉽다는 듯 천천히 고개를 끄덕였다. 식사를 하면서도 김정일은 빨리 유부초밥을 먹고 싶어 하는 눈치였다. 다랑어, 전갱이, 장어로 만든 초밥을 먹고 나더니 서둘러 유부초밥을 주문했다. 김정일은 맛을 보자마자 탄성을 질렀다. "정말 맛있구먼!"

그는 초밥을 만드는 내 동작 하나하나를 유심히 지켜보며 식사를 했다. 그리고 식사가 끝나자 김정일은 언제나 그랬듯이 수고했다고 말하고 팁이 든 봉투를 건네 주었다.

조리실로 돌아와 잠시 쉬고 있는데 요리과장이 다가왔다. 그는 김정일이 내게 준 봉투가 몹시 궁금한 모양이었다. 한참을 망설이다가 "안을 좀 보여 주시겠습니까?" 하고 요청해 왔다. 봉투를 열어 보니 8만 엔이나 들어 있었다. 나도 놀라고 그도 놀랐다. 그는 믿기지 않는다는 듯 고개를 저었다. 그들의 월급은 한 달에 고작 2만 엔 정도였다.

파격적인 제안과 엄정녀와의 만남

1988년 5월, 나의 일시 귀국 날짜가 가까워지고 있었다. 출발하기 전날, 평소와 마찬가지로 8번초대소 연회장의 오락장에 들어가자 김정일이 물었다. "일본에 갔다가 다시 돌아오나?" "이번에는 3년 계약으로 왔으니 물론 돌아옵니다." 내 말을 들은 김정일은 뜻밖의 제안을 했다. "후지모토, 10년 동안 내 곁에 있어 주지 않겠나? 그렇게만 해 준다면 평양에 초밥집을 하나 내주지. 그리고 매달 50만 엔을 주고 말이야. 초밥집의 이익금도 모두 자네가 가져."

그 말을 듣고 나는 얼마나 놀랐는지 모른다. 북조선의 회사 조직은 모두 국가와 합영회사이며, 이익 배분도 7:3으로 국가가 압도적으로 유리하게 되어 있다. 이런 상황에서 이익금도 전부 내게 준다니, 나는 꿈을 꾸는 듯했다. 그런 좋은 조건을 거절할 사람이 어디 있겠는가! 그러나 파격적인 조건에도 불구하고 나는 그 자리에서 대답하는 것을 피했다. 일본에 돌아가 차근차근 생각해 보겠다는 정도로 해 두

▲ 엄정녀와 후지모토의 결혼 사진

▲ 엄정녀와 후지모토의 단란한 모습

었다.

1988년 북조선에서 크게 유행한 노래가 있다. '첫 동요, 반갑습니다' (1991년 발표된 '반갑습니다'와는 다른 노래)라는 노래로, 텔레비전에서 방송되지 않는 날이 없었다. 노래를 부른 사람은 엄정녀라는 여성 민요가수였다. 엄정녀는 물론 연주하는 그룹도 모두 김정일의 '기쁨조' 멤버였다.

어느 날 나는 평소처럼 8번초대소 연회장의 철판구이 코너에서 초밥 만드는 일을 마치고 조리실로 내려갔다. 그런데 다른 요리사들이 앞다투어 2층 쪽으로 올라가는 것이었다. 무슨 일인가 싶어 뒤따라가 보니 어디선가 음악소리가 들려왔다. 살며시 문을 연 순간 나는 깜짝 놀라지 않을 수 없었다. 무대 위에서 노래하고 춤추는 화려한 쇼가 펼쳐지고 있었다.

거대한 스피커에서는 음악소리가 울려 퍼지고, 조명 장치도 사방에 설치되어 있었다. 화려한 광경에 넋을 잃은 채 한동안 멍하니 바라보다가 곧 나도 연회석의 좌석 하나를 차지해 앉았다. '엄정녀'라는 가수는 자주 무대에 올라 노래를 불렀다. 그녀는 북조선에서는 보기 드물게 짧은 머리 스타일을 하고 있었는데 그 모습이 매우 인상적이었다. 내 눈이 그녀를 쫓고 있었기 때문일까. 내가 그녀에게 관심 있다는 것을 간파한 듯 김정일은 엄정녀를 내 옆에 앉혔다.

일본 아내와 정식으로 이혼
어느 날 느닷없이 김정일이 내게 물었다.

▲ 가족과 함께 한 시간은 늘 행복했다.

"엄정녀를 좋아하나?"

내가 그렇다고 대답하자 김정일은 혀를 찼다. "그것만은 나도 어떻게 해 줄 수가 없어. 스스로 노력해 봐. 게다가 후지모토는 일본에 아내가 있으니 그 점도 생각해 봐야 할 테고 말이야."

계절은 겨울로 바뀌어 12월도 절반이나 지났을 때 뜻밖에도 김정일은 일본에서 새해를 보내도 좋다고 허락해 주었다.

문제가 있었던 서약서 건으로 5년은 귀국할 수 없다고 포기했던 터라 나로서는 반가운 일이 아닐 수 없었다. 하지만 일본에 돌아가면서 나는 커다란 숙제를 끌어안게 되었다. 김정일이 엄정녀와 결혼하고 싶으면 일본에 있는 아내와 이혼하는 길밖에 없다고 말했기 때문이다. 김정일은 내가 아내와 잘 상의해서 합의이혼을 하면 위자료도 대신 지불해 주겠다고 약속했다.

평양으로 돌아올 때 이혼 증명서만 가지고 오라는 것이었다. 나는 무거운 마음으로 나리타공항에 도착했는데 아무도 마중 나온 사람이 없었다. 우리 가족은 이미 돌이킬 수 없는 사이로 변해 있었다.

귀국하기 전 10월, 나는 한 통의 보고서를 받았다. 일본에 있는 아내의 남자 관계에 관한 내용이었다. 조총련에서 한 짓이 뻔했다. 그들이 아니고서는 이런 일을 할 사람이 없다고 생각하며 일본에 있는 아내에게 전화를 했다. 아내와의 전화는 도중에 끊겨 버렸다.

나는 망연자실하면서도 아내를 나무랄 수 없었다. 오랫동안 가족도 돌보지 않았고 이역만리에서 나 역시 엄정녀라는 여성을 좋아하게 되었다. 그러니 그런 나와 살면서 23년 동안이나 잘 참아 준 아내에게 감사와 사죄의 마음을 전해야 할 형편이었다. 마치 정해진 일처럼 아내와의 이혼 절차는 별다른 잡음 없이 진행됐다.

나는 호적등본을 가지고 다시 북조선으로 건너갔다. 간부들은 저마다 위자료는 그렇다 치더라도 양육비가 월 30만 엔이나 되는 것은 너무 심하다며 이러쿵저러쿵 말들이 많았다. 나는 일본의 교육비가 비싸다는 것은 세계적으로도 유명한 사실이라고 설명하고, 만약 이건으로 소송이 걸렸으면 반 년 이상은 돌아올 수 없었을 것이라고 말했다. 김정일이 괜찮다고 말하자 간부들은 더 이상 아무 말도 하지 못했다.

그 뒤 나는 우여곡절 끝에 엄정녀와 결혼식을 올렸다. 스무 살이란 나이 차이도, 일본인과의 국제 결혼이라는 문제도, 우리의 사랑 앞에서는 어느 것도 걸림돌이 되지 못했다. 행복한 가정을 꾸리고 '김정일'의 요리사로서 나의 북한 생활은 평탄하게 흘러갔다.

일본 경찰에 체포되다

1996년 9월, 음식 재료를 사기 위해 일본에 가려던 나는 김용남과 함께 먼저 홍콩으로 갔다. 홍콩에서 일본 비자를 취득하기 위해서였다. 그때 김용남이 북조선과 도미니카 공화국 여권을 가방에 같이 넣어둔 것을 알고 나는 순간 불길한 느낌이 들었다. 일본 공항에서는 가방 속에 든 물건을 전부 꺼내라고 요구하는 일이 많다. 나는 김용남에게 그 말을 해 줄까 망설였지만 결국 아무 말도 하지 않았다. 아니, 그보다는 말할 수 없었다는 편이 맞을지도 모른다.

그날 일본 오사카의 이타미공항에 내린 나는 먼저 입국 절차를 마치고 짐을 찾으며 김용남을 기다렸다. 그런데 아무리 기다려도 오지 않았다. 입국 절차를 밟는 과정에서 문제가 생긴 것이 틀림없다는 생각이 들었다. 도미니카 공화국 여권으로 쉽게 통과될 리가 없었다.

나는 서둘러 조총련 책임 부의장 허종만 씨에게 전화를 걸어 경위를 설명했다. 그는 내게 먼저 호텔로 가라고 했다.

호텔에서 뜬눈으로 밤을 지새운 나는 택시를 타고 나리타공항으로 출발했다. 출국 절차를 밟고 로비로 가는데 "후지모토 씨!"하며 나를 부르는 소리가 들렸다. 뒤돌아보니 경시청 사람이었다. 세 명의 경시청 사람 중 한 사람이 내게 물었다. "이번에는 꽤 빨리 돌아가는군요. 무슨 연락이라도 받았습니까?" 그러고 나서 그는 잠깐 나눌 얘기가 있다고 사무실까지 함께 가자고 했다.

형사는 사진을 종이에 붙이고는 거기에 서명하라고 나를 윽박질렀다. 그런 다음 그들은 1996년 1월 17일 귀국했을 당시의 내 행동을 기록한 자료들을 보여 줬다. 그때 강상춘이 도미니카 공화국 여권으로 입국했는데, 그와 동행한 내가 그의 입국을 방조했다는 것이었다. 그렇다고 사실을 인정하자 그들은 체포장을 내밀었다. 이틀 후 나는 도쿄 간이재판소에서 다음과 같은 문서에 서명할 수밖에 없었다.

접견 금지 결정

피의자 후지모토 겐지

입국 관리 및 난민인정법 위반 방조에 대해 피의자가 증거를 인

멸할 우려가 있으므로 검찰관의 청구에 의해 공소제기가 이루어

질 때까지 피의자와 형사소송법 39조 1항에서 규정한 자를 제외

한 자와의 접견 및 문서(신문, 잡지, 서적류를 포함) 교환을 모두

금지한다.

1996년 9월 5일

다시 북조선으로 돌아가다

석방된 지 40일이 지난 1996년 11월, 나는 직장을 구해 오키나와
에 갔다. 이시가키지마에 있는 호텔이었다. 월급은 고작 18만 엔. 나
는 울고 싶은 심정이었다. 일이 끝나면 밤마다 호텔 근처에 있는 스
넥바 '몽골'이나 '애로우' 등 술집을 찾아 다녔다.

3개월이 지났을 무렵에는, 이시가키지마에서 오키나와 본섬으로
직장을 옮겼다. 항구 바로 옆에 큰 횟집이 있기에 일하고 싶다며 면접
을 보았는데 뜻밖에도 바로 채용됐다. 식당 측에서는 지금 짓고 있는
2호점의 점장을 내게 맡기고 싶다며 열심히 일을 배우라고 했다. 식
당의 이름은 만코였다. 거기서 나는 날마다 열 상자나 되는 생선의 비
늘을 벗겼다. 상당한 중노동이었다. 하루 두 번, 밥 먹을 때만 겨우 앉
을 수 있었다.

1997년 8월 만코에서 일하기 시작한 지 어느덧 반년이 지나 2호
점을 막 개점하려고 할 때였다. 나는 점장에게 그만두고 싶다고 말했
다. 이유를 물었지만 나는 어떻게 설명해야 좋을지 난감했다. 임시방
편으로 "책이나 쓰고 싶어서다."라고 이유를 대자 점장은 더 이상 잡

지 않았다.

내 처지로는 한 곳에 오래 머무는 것이 위험했다. 언제 북조선 공작원이 내 앞에 나타날지 알 수 없기 때문이었다. 그렇게 계속 직장을 그만두며 나는 일본에서 고단한 나날을 보내고 있었다. 그러다 결국에 형사들의 배려에 반하는 행동을 하게 되었다. 다시 북조선으로 돌아가야겠다고 결심한 것이다. 지금까지 나를 보살펴 준 형사들에게 미안한 마음이 들었다. 하지만 그 당시 내 처지로는 무슨 일이 있더라도 북조선으로 돌아가야 했다. 보호 요청을 취하한다는 서류에 서명하고 나는 곧장 북경공항으로 향했다.

▲ 후지모토가 거주하던 아파트 내부

1998년 6월 9일의 일이다. 북조선을 떠나온 지 1년 9개월이 지나 있었다. 북경공항에서 나를 기다린 사람은 김창선이 아니라 당 국제부 부부장 길재경이었다. 나는 당연히 김창선이 나와 줄 것이라고 생각했던 터라 조금 실망했다. 길재경은 나를 보자마자 여권을 달라고 했다. 나는 평양에 도착하면 건네주겠다며 거절했다. 내심 불안하기도 했다. 지난 일은 전혀 내 잘못이 아니라고 확신하고 있었지만, 북조선에 도착하면 혹시 나를 추궁하지 않을까 걱정되었다.

북조선에 도착해서 공항 창문으로 밖을 내다보니 벤츠가 한 대도 보이지 않았다. 그 순간 나는 등줄기가 오싹해지는 느낌이었다. 내가 인도된 곳은 VIP 전용 입국실이었다. 그곳에서 내 눈에 가장 먼저 들어온 사람은 사랑하는 아내 엄정녀였다. 커다란 꽃다발을 안은 채 나를 기다리고 있었다.

나는 엄정녀를 끌어안으며 몇 번이고 말했다. "미안해, 내가 몹쓸 놈이야." 엄정녀는 내 걱정으로 몹시 힘들게 지냈다는 점, 여전히 예전의 아파트에 살고 있다는 점 등을 전해 주었다. 김충일 당 선전선동부 제1부부장이 엄정녀와 함께 마중 나왔다. 나는 그의 벤츠를 타고 2년 만에 그리운 아파트로 돌아갔다.

무서운 감시 체제

아내 엄정녀와의 꿈같은 재회의 기쁨도 잠시, 북조선에 머무는 동안 나는 줄곧 감시당하고 있었다. 아니, 북조선 안에서만이 아니라 일본에 귀국해 있을 때도 조총련이 나를 감시했다. 일본에는 생선을 사기 위해 시장에 가는 일이 많았기 때문에 쓰키지 어시장에 가까운 하루미호텔에서 주로 묵었다. 그곳 창문으로 밖을 내다보면 항상 같은 벤츠가 세워져 있었다. 벤츠는 내가 택시를 타고 외출하면 반드시 뒤쫓아왔다. 하루는 그 벤츠 뒤를 경시청 차가 미행하는 것을 보고 의아해한 적도 있었다.

그러던 어느 날, 내가 요리 재료를 사러 일본에 가야겠다고 보고하자 느닷없이 김창선이 "이번에 들어가면 위험해. 경시청이 후지모토를 체포하기 위해 단단히 벼르고 있어."라고 말했다. 내가 체포된다? 그것은 말도 안 되는 소리였다. 그러나 그가 내민 팩스 한 장을 보고 나는 깜짝 놀랐다. 그것은 내가 1995년 일본에 귀국했을 때 조총련이 작성한 내 행동 보고서였다.

0월 0일 유라쿠초 역 앞에 있는 식당에서 혼자 맥주를 마시다. 0월 0일 아키하바라 역 2층 책방에서 요리책을 사다. 다음은 여성 속옷 매장에서 브래지어 두 장을 사다. 여기까지 읽고 나도 모르게 웃음이 나왔지만 다음 대목을 읽는 순간 등줄기가 오싹해졌다. 이런 글이 적혀 있었기 때문이다. "큰딸의 아파트를 찾아내 반드시 보고하겠습니다." 헤어진 가족들에게까지? 도대체 왜 그런 짓을 해야 한단 말인가!

도청

18개월 전, 나는 무슨 일이 있어도 북조선으로 돌아가고 싶다며 일본 경시청에 보호 요청을 취하해 달라고 부탁했다. 그때 형사부장은 내게 이렇게 말했다. "후지모토, 당신이 끝까지 북조선으로 돌아가겠다고 하면 나도 더 이상 말릴 수는 없다. 북조선으로 돌아가도록 허락하겠다. 하지만 만약 외국으로 나올 기회가 있으면 그때 내게 전화를 한 통 걸어 주게. 그렇지 않으면 후지모토가 어떻게 지내는지 우리로서는 알 수 없을 테니 말이야."

음식 재료를 사러 일본에 가 호텔 방에 혼자 있던 나는 그때 경시청 부장의 말이 생각났다. 그들은 틀림없이 나를 걱정하고 있을 것이다. 지금 나는 혼자다. 지금이라면 전화할 수 있다. 나는 호텔 비즈니스 센터로 가기 위해 방을 나섰다. 그런데 밤 10시가 넘었기 때문에 센터는 문을 닫은 상태였다.

나는 도청당할지도 모르지만 하는 수 없다고 생각하고 방에서 전화를 걸었다. 곧 형사부장과 연결되었다. 몇 마디 인사말을 주고받은 후에 부장이 물었다. "김정일을 만났나?" "예, 북조선에 들어간 지 2주일 후에 만났습니다." 이런저런 말 끝에 나는 부장에게 이런 부탁을 했다. "내가 맡긴 것을 잘 보관해 주십시오." "알겠네. 지옥까지 가지고 가겠네." 우리의 대화는 그런 것으로 끝이었다.

그런데 아니나 다를까, 대화는 모두 도청되고 말았다. 내가 도청 사실을 알게 된 것은 그로부터 3개월이나 지나서였다. 그날 형사와 나눈 대화 가운데 '내가 맡긴 것', '지옥까지 가지고 가겠' 다는 부분 때문에 나에 대한 의혹이 불거졌다. 그 오해가 풀릴 때까지 나는 몇 달이나 고생해야 했다.

다시는 일본에 돌아가지 않겠다는 내용의 편지를 김정일에게 보내야 했고, 그 뒤 나는 8번초대소 연회장에 들어가는 출입 카드를 비롯한 신분증 일체를 몰수당했다. 이제는 아파트 밖으로 한 발자국도 나갈 수 없게 되었다. 나는 완전히 자유를 박탈당했다. 그리고 집안에 갇힌 채 우울하고 불안한 날들을 보내야 했다.

기다리고 기다리던 날

2000년 4월 28일, 기다리고 기다리던 전화가 걸려 왔다. 김창선이었다. 그는 내게 병원에서 마지막으로 검사를 받은 날이 언제냐고 물었다. 북조선에서는 김정일 측근들이 외국에 다녀오면 반드시 검사를 받게 되어 있다. "1998년 6월입니다." 내가 이렇게 대답하자 그는 "알았다."고만 하고 곧 전화를 끊었다.

이튿날 오후 3시 30분쯤 김창선에게서 다시 전화가 걸려 왔다. 데리러 갈 테니 준비하고 있으라고 했다. 잠시 후 차가 도착했다. 우리는 도중에 내각 체육지도위원장 박명철 부부를 태우고 함께 원산초대소로 향했다. 박명철의 부인은 유명한 재일 한국인 프로 레슬러 역도산의 딸이다. 서기실이 있는 건물에서 담배를 피우며 기다리고 있을 때 김창선이 들어왔다.

"후지모토는 아직도 담배를 피우나? 장군님은 담배를 끊으셨네." 그의 말은 의미심장했다. 드디어 김정일을 만날 수 있을 것 같았다. 아, 이날이 오기를 얼마나 기다렸던가.

"후지모토, 오래간만이야!" 김정일은 나를 보자마자 악수를 청했다. 나는 그동안 쌓였던 고통스런 기억들이 한꺼번에 분출되는 듯한 느낌이 들었다. "제가 저지른 잘못을 용서해 주십시오. 두 번 다시 그런 일은 없을 겁니다. 약속드리겠습니다."

나는 울면서 사죄했다. "후지모토가 남조선 사람과 전화 통화를 하는지 조사했을 뿐이야. 이제 됐으니 다시 함께 일하자." 김정일은 다음과 같은 설명도 덧붙였다. "후지모토가 없는 동안 마카오 요리사가 초밥을 만들었는데, 빨리 후지모토가 만든 초밥이 먹고 싶어."

마카오에서 일본 식당을 경영하는 알로에가 내가 없는 동안 초밥 요리사를 파견했다고 했다. 그런데 그 요리사의 초밥이 김정일의 입맛에 맞지 않은 모양이었다. 나는 흐르는 눈물을 억제할 수 없었다. "됐어, 됐어. 요리사들은 아무것도 모르니 후지모토는 지금까지 요양하고 있었다고 말해 둬."

그해 4월 30일. 나는 김정일 앞에서 참으로 오랜만에 초밥을 만들었다. 김정일은 "맛있다."는 말을 연발하며 나를 칭찬해 주었다.

"역시 후지모토가 만든 초밥이 최고야."

성게덮밥으로 김정일을 유혹하다

3월이 되자 나는 중국에서 사온 경기용 자전거를 타고 330미터나 되는 롤러스케이트장을 열 번씩 도는 등 몸을 자주 움직였다. 하루는 김정일의 아들들이 함께 승마를 하자고 해서 5년 만에 말을 타기도 했다. 그날도 아침에 자전거를 타고 롤러스케이트장을 열 바퀴 돈 뒤 베란다에서 술을 마시고 있었다. 그곳에서는 바다가 내려다보였다. '아, 이 바다 건너에는 일본이 있다. 언제 다시 일본 땅을 밟을 수 있을까?

그러나 지금은 참을 수밖에 없다며 내 자신을 타일렀다. 그때 문득 일본에 일시 귀국했을 때 누나가 녹화한 비디오 테이프 중 몇 개를 복사해서 가져왔다는 사실이 떠올랐다. 그 중에는 '요리 쇼'를 다룬 프로그램도 있었다. 거기에 매우 먹음직스러운 성게덮밥이 나오는데, 나는 그것을 김정일에게 보여 줘야겠다고 생각했다.

김정일은 성게를 좋아했다. 보고 나면 분명히 먹고 싶다고 말할 것이다. 그때가 기회다. "제가 홋카이도에 가서 사올까요?" 하고 슬쩍 마음을 떠보면 된다. 나는 그 비디오를 가지고 김정일을 찾아갔다. 예상대로 성게덮밥을 보자 김정일은 깊은 관심을 보였다. "맛있겠는데!" 나는 즉시 말을 꺼냈다. "제가 홋카이도의 리시리토에 가서 사오겠습니다. 저 비디오에 나온 것과 똑같은 성게덮밥을 만들어 드리겠습니다."

"그거 좋겠는데, 갔다 와!"

나는 서둘러 필요한 경비를 따져 본 다음 청구서를 작성해 김정일에게 보여 주었다.

"OK! 4월이 되면 다녀와."

나는 마침내 김정일의 승낙을 얻어냈다.

김정일의 사요나라

2001년 4월 중순의 어느 날, 저녁 식사가 끝나자 김정일이 물었다. "후지모토, 말을 타다가 다친 상처가 다 낫지 않았는데 일본에 갔다 올 수 있겠나?" "괜찮습니다. 갈 수 있습니다."

김정일은 김창선에게 항공권을 준비하라고 지시하고, 서기 옥이 씨에게는 내게 1만 5천 달러를 내주라고 지시했다. 출발은 4월 24일 월요일로 정해졌다. 나는 김정일에게 마지막 인사를 하러 갔다.

"장군님, 다녀오겠습니다."

김정일은 평소와 다름없이 악수하면서 일본어로 말했다.

"사요나라."

그러면 예전에는 웃으며 이렇게 대답하곤 했었다. "장군님, '사요 나라'는 이럴 때 쓰는 말이 아닙니다. 저는 갔다가 다시 돌아올 테니 까요."

그러나 이번에는 달랐다. 나는 김정일의 '사요나라'라는 말에 아 무런 대답도하지 않고 잠자코 있었다.

출발하기 전날인 23일, 나는 평소보다 커다란 트렁크에 내 물건들 을 챙겨 넣었다. 이렇게 보따리가 크면 의심을 받지는 않을까, 무사 히 탈출할 수 있을까……. 그날 밤은 한숨도 자지 못했다.

24일 드디어 출발이다.

나는 새빨갛게 부은 눈으로 배웅 나온 차에 올라탔다. 이번에는 김 충일 부부장이 동행하게 되었다. 첫 번째 관문은 평양국제공항이다. 그곳에서 어떻게든 짐 검사를 받지 않고 출국해야 한다.

다행히 나는 지금까지 VIP 대우를 받았기 때문에 특별한 검사를 받지 않았다. 다음은 김충일 부부장이 커다란 내 트렁크를 보고 수상 하게 여기지 않을까 하는 점이다. 그 염려도 기우로 끝났다. 나는 마침내 비행기에 올라탔다. 만약 그때, 평양국제공항에서 트렁크를 열었다면 지금의 나는 존재할 수 있었을까?

김정일 패밀리 옆에서 실제로 생활했던
사람이 아니면 쓰지 못할 책

기쿠치 요시아키

검은 선글라스를 끼고 머리에는 알록달록한 두건을 두르고 몹시 튀는 스타일로, 수기(手記)를 출판한 2003년부터 TV 등의 매체에 등장한 후지모토 겐지 씨. 처음 그를 만난 것은 2006년이었다. 해설을 쓰고 있는 나는 당시 담당하고 있던 〈요미우리 위클리〉 지의 취재로 김정일과 그의 패밀리의 실상에 대해서 듣기 위해서였다. 실로 '요상한 요주의 인사가 나타났나?' 했다. 그런데 후지모토 씨는 사실 알고 보면 보통의 편안한 '아저씨'였다. 그 후로 취재 때문에 몇 차례에 걸쳐 만나게 되었고, 그의 네 번째 책을 기획, 편집하는 데 협력하게 되었다.

기쿠치 요시아키
와세다(早稻田)대학을 졸업하고 1987년에 〈요미우리신문〉에 들어가 사회부, 지방부, 주간지 〈요미우리 위클리〉 등 여러 부서에서 근무했다. 특히 한국·북한 관련 취재를 하면서 한반도 문제 전문가로 평가받고 있다. 성균관대학교 대학원에서 석사학위를 받았고, 북한 문제에 관한 다수의 논문과 저작이 있다.

북한의 후계자로서 주목을 받고 있는 김정일의 삼남인 김정은. 2009년부터 정은 후계를 위한 움직임이 북한 내에서 가시화되어 왔는데, 그의 참모습에 대해서는 아직까지 북한 주민들에게도 알려지지 않은 듯하다. 그에 대해서 말할 수 있는 사람은 전 세계에서 후지모토 씨 외에는 없다고 해도 좋을 것이다. 10년 쯤 전에 미국으로 망명했다고 전해지는 김정일의 부인, 고영희의 여동생 부부가 공개석상에서 증언을 하면 또 다른 이야기가 되겠지만, 그럴 가능성은 희박하다. 정은을 가까이에서 접한 적 있는 김정일의 측근 중 누군가가 망명했다는 이야기도 듣지 못했다. 요리사로, 서기실 부원으로 김정일 패밀리 밑에서 일하면서 정은이 일곱 살부터 열여덟 살이 될 때까지 자주 놀아 주었다는 후지모토 씨의 증언은 수수께끼 투성이인 '북한의 후계자'의 진면모를 알게 하는 1급 자료라 하지 않을 수 없다.

지금도 가끔 한국과 일본의 북한 전문가로부터 "후지모토 씨의 이야기가 진짜인가?"라는 질문을 들을 때가 있다. 이것은 후지모토 씨가 자기 얼굴을 드러내지 않으려고 요상하게 치장하고 다니는 것도 영향이 있을 것이다. 하지만 무엇보다도 베일에 싸인 북한 중추부의 정보를 '일개 일본인 요리사가 무슨 수로 알 수 있나.'라는 의문을 지울 수 없기 때문일 것이다.

그러나 필자가 지금까지 접해 온 바에 따르면, 후지모토 씨의 증언에는 세부적인 기억의 차이가 있을지언정 기본적으로 일관성이 있으며 내용은 상세하고 구체적이다. 그것은 지금까지 그가 펴낸 저서 『김정일의 요리사』『김정일의 사생활』『핵과 여자를 사랑한 김정일』

을 통해 충분히 알 수 있는 사실이다. 김정일 그리고 그 측근들과 함께 찍은 사진들은 김정일 패밀리의 옆에서 실제로 생활했던 사람이 아니면 절대 손에 넣을 수 없는 것들이다. 그리고 후지모토 씨는 불확실한 부분과 기억하지 못하는 부분에 대해서는 '모른다'고 솔직하게 말하는 사람이다.

후지모토 씨를 예전에 장시간에 걸쳐서 조사한 경시청 관계자도, "후지모토 씨의 증언은 기본적으로 신뢰할 수 있다."라고 말했다. 후지모토 씨의 입장에서 적극적으로 말할 수 없는 부분, 즉 자신의 신변이 위험에 처할 수 있는 부분에 대해서는 '말하지 않은 사실'이 있을지 모르겠으나, 적어도 일부 탈북자들처럼 의도적으로 사실을 과장하거나 왜곡해서 말하는 사람은 아니다.

신임을 받았던 후지모토

후지모토 씨는 일개 요리사로서, 일본의 '요리사회'를 통해서 북한 측으로부터 제시된 파격적인 대우에 이끌려 언어뿐 아니라 북한에 대한 실상을 아무것도 모르는 채 건너갔다. 그랬기 때문에 김정일의 요리사가 될 수 있었다고도 할 수 있겠다. 만약 그가 처음부터 북한말에 능통하고 북한의 내부 사정에 관심을 갖고 있었다면 그야말로 '스파이'로 의심받아 김정일 근처에 얼씬거리지도 못했을 것이다.

후지모토 씨가 김정일 옆에서 일할 수 있었던 것은, 순수하고 밝은 성격에다 그가 좋은 의미에서의 '한량'이며 김정일이 무척 좋아하는 바카라 등의 도박은 물론 온갖 스포츠에도 능해서 허물없는 놀이 상대가 될 수 있었던 것이 크게 작용했을 것이다.

후지모토 씨의 키가 키높이 구두를 신고 164~165센티미터 정도의 김정일보다 조금 작은 162센티미터라는 것도 어쩌면 다행이었는지도 모르겠다.

이 책의 제2장에서 언급하고 있듯이, 김정일은 연회가 한창 무르익을 무렵에 측근들과 후지모토에게 자신의 뺨에 입 맞출 것을 명령하고, 직후에는 "배신하면 이거야."라고 하며 권총 쏘는 흉내를 내는 일이 종종 있었다고 한다. 측근들조차 언제 자신을 배신할지 모른다는 불안감과 고독감을 가진 절대 권력자가 북한 내에서 마음을 허락한 사람은 부인 고영희와 여동생 김경희 가족 등, 극히 일부의 가족과 친척을 제외하고는 없었을 것이다. 그 가운데서 물론 가족 정도는 아니라 해도, 유일하게 친한 친구처럼 마음을 터놓은 상대가 후지모토 씨가 아니었을까. 그가 북한 사정에 능통한 사람이 아니라, 그저 놀기 좋아하는 소탈한 요리사였기 때문에 엄격하게 통제된 독재 국가의 중추부에 뜻하지 않게 불쑥 들어갈 수 있었던 것이다.

이 책에도 쓰여 있듯이 김정일이 후계자 후보인 자식들의 놀이 상대로 후지모토 씨를 지명했다는 것도, 김정일이 얼마나 후지모토 씨에게 마음을 허락하고 있는지를 잘 말해 주고 있다. 김정일은 아이들과 후지모토 씨만을 초대소에 둔 채로 측근들과 함께 외유를 한 적도 있을 정도다. 김정일이 아이들을 후지모토 씨와 놀게 한 것은 어린 정철과 정은의 희망도 있었겠지만, 후에 두 사람을 스위스로 유학시킨 것을 생각하면 다른 목적이 있었을지도 모른다. 자식들에게 담장으로 둘러싸인 궁정 안 같은 생활뿐만이 아니라, 북한 이외의 사회와 문화의 분위기를 후지모토 씨를 통해 느끼게 해서 어릴 적부터 조금이라도 시야를 넓혀 주려는 의도가 있지 않았을까. 김정일은 정치적으로 경직되어 있고, 대외적으로는 강경한 자세를 견지하지만, 한편으로는 서방측 선진국에 대한 일종의 콤플렉스가 있는 것처럼 느껴지기 때문이다.

정은의 어린 시절과 측근들 이야기 담아

후지모토 씨가 펴낸 세 권의 저서에서는 김정일의 두 아들들과 어울리는 모습이 눈에 띄기는 하지만, 이 책에서는 특히 후계자로 지목되는 정은의 어린 시절부터의 모습이 연대순으로 생생하게 그려져 있다.(독재자와 그 자식들에 대해서 너무 좋게 쓴 게 아닌가 하고 느끼는 독자들도 있을지 모르겠지만, 13년이라는 긴 시간 동안 아이들과 함께 지낸 후지모토 씨가 그들을 친근한 느낌으로 묘사하는 것은 어쩔 수 없는 일이 아니었을까.)

제1장의 앞부분은 1990년 1월 중순에 신천초대소에서의 첫 '알현' 때 후지모토 씨가 불과 일곱 살인 정은으로부터 악수를 거절당할 뻔했던 에피소드로 시작한다. 어릴 적부터 과격한 기질을 가졌다는 것을 엿볼 수 있는 대목이라고 할 수 있는데, 이 장면에서 정은이 형과 함께 군복 차림으로 등장했다는 것도 흥미롭다. 후계자 후보인 자식들을 측근들에게 처음 보이는 장소에서 군복을 입힌 것은, 군부를 중시하는 김정일의 사고방식이 반영된 것인지도 모르겠다.

후지모토 씨가 김정일로부터 두 아들인 '왕자'의 놀이 상대로 지명된 것은 그로부터 얼마 후의 일이었다. 깡통 차기, 철팽이 등 북한에는 없는 놀이를 후지모토 씨가 가르쳐 주었다고 한다. '왕자'들은 일본의 만화와 비디오 게임에도 열중했다고 하니 북한의 후계자는 어린 시절부터 일본의 놀이와 '일류(日流)'라 할 수 있는 젊은이들의 대중문화를 접한 셈이다.

또한 '왕자'들은 어머니인 고영희와 함께 일본을 여행하고 디즈니랜드에도 다녀갔던 행적이 있다. 어릴 적부터 일본어를 배웠다고 하니 정은과 형제들은 북한 사람으로서는 꽤 깊이 있게 일본 언어와 문화를 접한 셈이다.

그러나 이 책의 중심 부분은 역시 제4장과 제5장이라 할 수 있다. 제4장에서는 삼남인 정은이 왜 정철보다 후계자에 적합한지에 대해서 후지모토 씨의 시각으로 두 사람을 비교한 것이 자세하게 기술되어 있다. 정은은 농구 시합이나 다른 놀이를 하는 곳곳에서 남다른 리더십을 발휘하고 승부욕과 응석을 보이고 있었다. 한편으로 형인 정철은 동생이 게임에서 진 분풀이로 게임용 구슬을 얼굴에 던져도 화를 내지 않는 온화한 성격의 소유자였다. 김정일이 정은에 대해 자신을 닮았다고 하면서 마음에 들어 하는 것이 납득이 가는 부분이다.

당과 군의 간부들 앞에서 김정일이 항상 그렇게 말하고 있었다는 점과, '지도자'를 암시하는 듯한 노래 '발걸음'을 정은의 아홉 살 생일에 선물한 것은, 정은이 장래에 후계자의 유력한 후보가 될 수 있다는 것을 측근들에게 시사하려 했을 가능성이 있다.(다만 아홉 살 생일을 맞이한 1992년은 고 김일성 주석이 건재하고 있었기 때문에 이 시점부터 김정일이 정은을 후계자로 결정했으리라고 생각하기는 어렵다.)

후지모토 씨가 정은의 '후견인'으로 지목하는 김정일의 매제 장성택 국방위원회 부위원장 겸 조선노동당 행정부장은 이전에는 장남인 정남의 후견인이라는 말이 있었는데, 이 책에서는 정은과도 어릴 적부터 빈번하게 접하고 있는 모습을 그리고 있다.

그 장성택에 대한 김정일의 태도에는 이중성이 있다고 한다. "능력이 뛰어난 장성택에게 누구보다도 의존하면서도 덕망과 야심을 두루 갖춘 그를 누구보다도 경계하고 있다."(정성장 한국 세종연구소 수석 연구위원)고 하는데, 후지모토 씨가 묘사하는 두 사람의 관계를 통해서도 그런 모습을 엿볼 수 있다.

다른 의견을 피력하는 장성택에게 김정일이 식기를 던지려고 하면서, 화를 내고 한동안 직위를 강등시켰다는 이야기는, 절대 권력자인 자신에게 당당하게 이의를 제기하는 매제에 대한 복잡한 심정을 그대로 드러내고 있다.

한편 정은은 10대 중반부터 사회적 관심이 강했고, 특히 스위스로 유학을 간 후부터는 외국과 비교하면서 북한의 현실을 바라보며 여러 가지 의문점과 불안감을 후지모토 씨에게 토로하게 되었다고 한다. 그 중에서도 2000년 8월 원산에서 평양으로 향하는 전용열차 안의 다섯 시간에 걸친 '회담'에서 정은이 중국의 경제 발전에 강한 관심을 나타내고 있었다고 하는 것은 무척 흥미롭다. 게다가 그 이야기는 김정일로부터 들은 것으로, 그 해 5월에 중국을 비공식적으로 방문해서 개혁·개방 노선에 의한 경제 발전을 실제로 가서 보고 들은 김정일이 중국의 경제 정책을 자신들의 본보기로 삼아야 한다고 정은에게 전하고 있는 것 같다.

그런데 그 후 10년 동안 북한의 경제 정책은 시행착오를 거듭했다. 부분적인 경제 개혁(2002년 7월) ⇒ 근본적인 시장경제의 확대 ⇒ 시장의 통제 강화 ⇒ 화폐개혁(통화단위의 절하, 2009년 11월) ⇒ 극도의 인플레와 국민의 강한 반발에 따른 일부 조치의 완화로 이어졌다. 아직까지 식량 문제조차도 해결하지 못하고 있으며, 김일성의 탄생 100주년이 되는 2012년에 '강성대국(强盛大國)의 대문을 활짝 열 것'이라는 슬로건의 달성에는 한참 먼 상황이다.

시장경제의 활성화에는 경제 활동에 있어서의 의사 결정의 다원화·자유화가 불가피한데, 정치·경제·문화 등 여러 가지 면에서 김일성·김정일 부자의 가르침만을 유일 절대의 가치 기준으로 하는 체제와 군사 우선의 '선군정치(先軍政治)'와는 양립할 수 없다.

따라서 김정일이 외부 세계에 문호를 개방하지 않은 채 단지 경제특구를 만들어 중국 등지로부터 외자를 유치할 것을 생각하고 있는 것 같은데, 중국 측도 대북 투자에 대한 높은 리스크를 숙지하고 있다. 핵문제를 동반한 국제사회로부터의 경제 제재도 있어 북한의 경제를 부흥시킬 수 있는 해법은 좀처럼 보이지 않는다. 정은이 지금도 중국식 개혁·개방 정책을 좋게 평가하고 있는지, 또 권력 계승이 순조롭게 이루어지는 경우에 중국 측이 기대하는 본격적인 개혁·개방을 추진할지의 여부가 주목된다.

정은 후계 체제 만들기

이 책에서는 후지모토 씨가 북한을 떠난 2001년 4월 이후의 일은 거의 기록하고 있지 않다. 따라서 일반 독자들의 이해를 돕기 위해 2001년 이후의 후계자 문제를 둘러싼 움직임에 대해서 한번 되짚어 보기로 하겠다.

2001년 5월, 전술한 바와 같이 김정남이 싱가포르에서 나리타공항으로 입국하려다 위조 여권이 발각되어 중국으로 추방되었다. 그 이전에는 장남인 정남을 가장 유력한 후계자 후보로 보는 경향이 일본과 한국에서 있었는데, 이 사건을 계기로 후계자 레이스에서 탈락되었다고 보고 있다.(더구나 후지모토 씨는 처음부터 정남은 후계 레이스에 끼지도 못했다고 증언하고 있다.) 다음 해인 2002년 8월, 조선인민군 출판사가 부외 대외비로 간행하는 '강연 자료'에서 김정일의 부인 고영희를 '존경하는 어머님'이라고 표현하며 우상화시키고 있다는 것이 2003년에 밝혀졌다. 이 시점에서는 둘째인 정철의 후계 작업을 위한 행동이라고 추측했다.(김정일이 후계자로 내정되었을 때도 어머니 김정숙의 우상화가 시작되었다.)

그러나 2004년 5월(6월이라고도 한다.)에 고영희가 사망했다는 소식이 전해지고 그 후에 김정일이 당과 군 간부에게 후계자 문제에 대한 언급을 중단하도록 지시를 내렸다는 보도도 나왔다.

후지모토 씨는 이 책에서 쓰고 있듯이 삼남인 정은을 최고 유력자로 일관되게 주장해 왔는데, 한국과 일본의 전문가들 사이에서는 이 시기에 정남의 재부상설과 정철 유력설이 대세를 이루고 있었다.(일부에서는 김정일 사후(死後)의 집단 지도 체제 이행설도 나왔다.)

그런데 2008년 9월 9일, 김정일이 건국 60주년의 열병식에 모습을 나타내지 않아 건강악화설이 퍼졌다. 김정일은 8월경에 뇌졸중 등의 뇌혈관 장애를 일으켰는데 그 후에는 어느 정도 회복된 것으로 보고 있다.

그 후 건강 상태가 불안한 김정일의 지시에 의한 것인지 모르겠지만 '정은 후계 체제 만들기'로 보이는 징후가 나타나기 시작한다. 2008년 11월 6일, 북한의 〈노동신문〉은 '정론(政論)'에서 천리마 제강의 현대화에 착수한 "역사의 주인공들, 그들의 평균 연령은 25세다."라고 쓰고 있는데, "마침 25세가 된 정은과 관계가 있는 것이 아닌가." 하고 일본과 한국의 전문가들은 지적했다.

정은의 생일인 2009년 1월 8일에 조선중앙 TV는 '축배를 들자'라는 노래를 처음 방송했다. 그 일주일 후인 15일에 한국의 〈연합뉴스〉는 김정일이 1월 8일경 조선노동당 조직지도부에 정은을 후계자로 결정했다고 하달하고, 이제강 제1부부장이 같은 부의 과장급 이상의 간부에게 전달했다고 보도했다. 이로 인해 정은 후계설이 대두되었다. 2009년 6월 1일, 한국의 정보기관인 국가정보원이 국회정보위원회의 소속 의원들에게 북한이 두 번째 핵실험(5월 25일) 후 재외공관에 정은의 후계자 내정을 시사하는 외교 전문을 보낸 것 같다고 설명함으로써 정은 후계설이 지배적이 되었다.

그 후 2009년 여름 무렵에 북한 내에서 정은을 칭송하는 노래 '발걸음'을 조직적으로 노래하는 일이 중단되는 등 정은 우상화 작업을 '억제'하는 징후도 전해졌다. 그러나 9월에 방북한 대만의 카메라맨이 원산에서 촬영한 북한의 슬로건에는, "만경대 혈통, 백두의 혈통을 이어간 청년 대장 김정은 동지"라고 명기되어 있다는 사실이 밝혀졌다. 2009년 11월 말에 북한 당국이 실시해서 주민들의 강한 반발을 불러온 화폐개혁은 "정은 후계 체제를 위한 사회주의 경제의 통제력을 되돌리려는 정치적인 의미"(강인덕 전 통일부장관)가 있었을 가능성도 지적하고 있다.

2010년에 들어서자 북한의 공식보도에서 '발걸음'을 언급하는 사례가 눈에 띄기 시작했다. 한국의 탈북자 단체인 'NK지식인연대'는 정은의 생일(1월 8일)이 국가적인 기념일로 결정되었다고 밝혔다. 2월 23일에는 한국의 원세훈 국가정보원장이 국회정보위원회에서 "1월 8일을 계기로 김정은에 대한 충성을 맹세하는 노래가 퍼지고 있다. (정은은) 업적과 경험을 쌓는 단계에서 정책에 관여하는 단계로 나아가고 있다."고 지적했다. 북한 내에서 정은의 초상화가 내걸리기 시작했다는 정보도 있다. 3월에 일어났던 한국의 해군 초계함인 '천안함' 침몰사건도 정은의 후계자로서의 실적 만들기를 위해 북한이 일으킨 것이라는 등의 견해가 한국 내에서 나오고 있다.

또한 2010년 8월 하순에 있었던 김정일의 중국 방문에서는 정은의 동행 여부에 대한 소문이 퍼졌다.(한국의 국가정보원은 정은이 동행했을 가능성이 높다는 견해를 피력했다.)

동북지방(구 만주)을 둘러본 중국 방문에서 김정일은 고 김일성 주석이 1930년대 전후에 중국공산당과 함께 혁명운동, 항일투쟁을 했던 연고지를 둘러보는 매우 의미 깊은 행동을 취했다. 평양에서는 2008년 12월에, 1940년대 후반의 국공내전기(國共內戰期)에 중국 공산당을 북한 측이 여러 방면에 걸쳐서 지원한 것을 강조하는 책도 출판되었다.(강인덕 전 통일부장관) 중국 체류 중(8월 27일)에 김정 일은 후진타오(胡錦濤) 중국 국가주석 앞에서 "전통적인 북중(北中) 친선의 비통을 후대에 확실히 물려주고 대를 이어 강화 발전시켜 나 가는 것은 중대한 역사적 사명이다."라고 강조했다.

이 일련의 언동은 후계 체제를 노린 의견 교환을 중국 측과 행동 함과 동시에 북중의 역사적 관계를 강조해서 후계자 대(代)에도 변함 없는 우호관계와 지속적인 지원을 중국 측에 확인시킨 것으로 보인 다.(다만 후계자에 대해서 김정일이 중국 측의 승인과 허가를 받는다 는 생각은 전혀 없다고 봐야 할 것이다.)

한편 북한 내부에는 북한이 중시하는 '혁명 전통'의 3대 세습을 선전하는 목적이 있는 것으로 보인다.

3대 세습을 위하여

지금까지 외부에 전해진 후계자 관련 움직임을 정리해 보았는데, 북한 내부에서는 어떤 움직임이 일어나고 있었을까?

한국에서는 탈북자들이 운영하는 대북 라디오 '자유북한방송'의 김성민 대표(조선인민군 대위 출신)에 따르면, 북한에서는 2008년

12월경에 정보기관(비밀경찰)·국가안전보위부 내부에서 정은 후계 문제가 제기되기 시작했다고 한다.(국가안전보위부는 후지모토 씨가 정은의 '후견인'으로 지목하는 장성택 조선노동당 행정부장이 지휘하고 있으며, 동시에 경찰인 인민보안부와 검찰, 재판소도 장성택이 관장하고 있다.)

"정은 후계를 향한 북한 내에서의 선전은 2009년경부터 시작되었지만, '김 대장'이나 '샛별장군'이라고 불리는 것 외에는 없었다. '김 대장'이라면 정철을 생각할 수도 있겠지만 2010년 3월경까지는, 1월 8일이 축일이 된 것을 북한 주민들에게도 전달하여 '정은'의 이름도 널리 퍼지게 되었다."(김성민 대표)

한국의 세종연구소 정성장 수석연구위원에 따르면, 정은은 2002년부터 2007년 4월까지 김일성 군사종합대학의 '특설반'에서 군사학을 비밀리에 배운 후, 같은 해부터 김정일의 군부대 시찰 등에 모습을 보이기 시작했다고 한다. 2009년에는 김일성 주석의 생일 전날인 4월 14일에 평양에서 열렸던 축하 야간 공연 '축포야회(祝砲夜會)'와 4월부터 시작되어 9월에 종료된 대중 총동원 증산운동인 '150일 작전'을 정은이 각각 지휘했다고 한다. 2009년 6월경부터는 일반 당원과 주민들을 대상으로 '김 대장'의 '위대함'을 학습하고 '발걸음'의 합창을 하기 시작했다는 것이다.

정성장 수석연구위원은 "후계 작업은 내부에서 꽤 진전되고 있으며, 정은이 이미 외교·대남 분야를 제외한 대부분의 김정일의 실무를 대행하고 있는 것"으로 보고 있다. 후계 작업을 주도하는 사람은 장성택 행정부장으로, 라이벌인 이용철 조선노동당 조직지도부 제1부부장이 2010년 4월에 병사했고, 같은 해 6월에는 이제강 조선노동당 조직지도부 제1부부장도 교통사고로 사망했기 때문에 영향력이 더욱 막강해졌다. 군 관련자 중에서는 오극렬 국방위원회 부위원장이 실력자로 알려져 왔는데, 최근에는 김정각 국방위원 겸 조선인민군 총정치국 제1부부장이 김정일로부터 두터운 신임을 받고 있다고 한다.

다만 장성택은 어디까지나 김정일의 여동생인 김경희 노동당 경공업 부장의 남편이기 때문에 전면으로 나와 있을 뿐, 실제 '섭정'은 '김경희'가 하는 것이 아닐까 하고 강인덕 전 통일부장관은 추측하고 있다.

사실이 무엇이든 간에 후계 체제 만들기가 북한 내부에서 진행되고 있다는 것은 분명하며, 9월 28일에 개최될 예정인 조선노동당 대표자회가 권력 승계의 첫걸음이 될 것이다. 정은을 지지하는 당 조직의 강화와 인사 쇄신을 꾀하고 '선군정치' 하에서 힘을 지닌 군에 대해 당의 통제를 강화시켜서 후계 체제의 안정화를 도모하는 것으로 보여진다. 나아가서 정은이 당의 요직을 맡아 후계자로서 공식적으로 등장하는 것이 초점이 되고 있다.

그러나 조선노동당 대표자회 개최가 당초 예정이던 9월 상순부터 연기되었는데 그 이유로는, 호우와 태풍 피해 외에 "김정일의 건강 악화설", "정은의 요직 선출 또는 경제 정책을 둘러싼 간부들 간의 의견 조정에 의외로 시간이 걸리고 있다."는 등의 견해가 나오고 있다. 일부에서는 "김경희가 후계를 노리고 있다."는 등의 주장도 흘러나오고 있다.

여기에서 주목할 것은 김정일에서 김정은으로의 권력 승계가 김일성에서 김정일로 옮겨올 때의 경우와 크게 다르다는 것이다. 강인덕 전 통일부장관은, 김정일은 김일성의 정식 부인의 장남이었지만 정은의 경우는, ① 모친 고영희가 김정일의 정식 부인이 아니라는 점, ② 장남이 아니라는 점, ③ 2010년 현재, 스물 일곱이라는 어린 나이와 정치적 실적이나 경험이 부족하다는 점 등 마이너스적인 요인이 많다고 지적하고 있다.

김정은 권력 승계의 불확실 요소들

1994년의 김일성 사망으로 인해 권력을 승계한 김정일은 당시 52세였다. 이미 20년 전인 1974년 2월(당시 32세)에 당 내에서 실질적인 후계자로 추대되어 당 정치위원(전 해인 1973년에 당 서기)이 되었다. 이 시기에 북한의 경제 상황은 비교적 좋았고, 사회주의권으로부터의 지원도 있어서 현재보다 북한을 둘러싼 정치적·경제적인 환경은 양호했다. 그리고 1980년(당시 38세) 제6회 당 대회에서 공식적으로 등장하였고, 대회 직후의 중앙위원회 총회에서 당 정치국 상무위원, 당 서기, 당 군사위원의 요직에 올랐다.

후계자 내정에서 실제로 국가의 수장에 오르기까지 20년이 걸린데다 후계자로 내정되기 전부터 자신이 내부에서 격렬한 투쟁을 펼쳐서 실권을 쟁취한 경위가 있다.

김정일은 17세 무렵부터 김일성의 외유(外遊)에 동행하였고, 수행원에게 지시를 내렸다. 22세(1964년)에는 김일성 종합대학을 졸업하고 당 중앙위원회에 들어가 사실상의 후계 수행을 개시했다. 1960년대 후반 이후, 당원과 주민에 대한 정치사상 교육을 하는 당 선전선동부에서 사상 선전을 위한 영화 제작 등을 지도하여 김일성의 개인숭배와 우상화를 추진했다.

이때부터 정치적 영향력을 행사하기 시작해서, "내가 아버지에게 제일 충실"하다는 것을 보여 주기 위해서 김일성의 측근에게조차 눈독을 들여 사상이나 무능함을 구실로 "가차 없이 공격해서 제거해 나갔다."(『황장엽 회고록, 김정일에 대한 선전포고』)

특히 1970년대에, 당시 북한의 넘버 2였던 숙부(김일성의 동생)인 김영주(당 정치위원 겸 비서), 김정일과 사이가 나빴던 계모 김성애와 이복동생인 김평일(김성애의 장남) 등 이른바 '곁가지 세력'을, 나아가서는 김정일 세습에 불만을 품은 일부의 원로, 간부들을 온갖 수단으로 제거 · 숙청해 나갔다.

김정일은 후계자로 내정된 1974년에, 북한에서 지금도 법률을 초월한 절대적인 권력을 가진 '당의 유일 사상 체계 확립의 10대 원칙'을 발표했다. 아버지 김일성의 신격화 · 절대화를 통해서 자신의 세습을 정당화시켜 유일하고 절대적인 독재 체제를 구축하려는 것이 목적이었다.

또 당 조직지도부와 1973년에 신설된 보위부 등을 통한 여러 겹의 감시 · 밀고 라인을 북한 사회 전체로 둘러쳐서 1980년대 초까지

당·군·공안·행정기관을 완전히 장악하게 된다. 황장엽 전 조선노동당 서기에 따르면, 1985년 이후에는 김정일이 북한의 모든 실권을 장악하게 되었다. 1991년에는 군 최고사령관, 1993년에는 국방위원장으로, 김일성이 가진 직책 중의 두 가지를 물려받았다. 1994년 김일성이 사망하기 이전에 거의 완전하게 권력 이양이 끝났던 것이다.

이렇듯 같은 세습이라도 김정일은 '능동적인 승계'인데 비해 정은의 경우는 김정일에 의해 사전에 준비된 '수동적인 승계'(정영태 통일연구원 북한연구센터 소장)로, 후계자로서 공식적으로 등장한다 해도 권력 기반은 그리 튼튼하지 않다. 덧붙여서 자신의 경험상, 빠른 단계로 진행되는 아들에 대한 권력 이양이 자신의 권력의 공동화(空洞化)로 이어진다는 것을 알고 있는 김정일은 "정은에게 후계 수행은 시켜도 권력은 죽을 때까지 놓지 않을 가능성이 있다."(정영태 소장) 그렇게 되면 더욱 더 정은의 권력 기반은 견고해지지 않고, "수년 이내에 김정일의 사망 또는 집무 수행이 불가능하게 되면 간부들 간의 권력 투쟁으로 발전되어 혼란이나 급변 사태가 일어날 수도 있다."고 정영태 소장은 예상하고 있다. 그런 경우에는 중국의 개입도 예상되어 한국과 미국의 대응과 맞물려서 동아시아 정세는 극도로 긴박하게 돌아갈 우려도 있다.

내가 잘 아는 여러 명의 탈북자에 따르면, 북한 주민들 사이에서 정은의 이름은 이미 알려져 있고, "어려서 (국정에 대해) 아무것도 모르는 것이 (지도자가) 되면 생활이 더 어려워진다."고 하면서 험담도 한다고 한다.

특히 김일성으로부터 김정일로 대체된 직후인 1990년대 후반에 아사자(餓死者)가 대거 발생했고, 그 후에도 생활고가 이어졌기 때문에 일반 주민들 사이에는 김정일에 대한 강한 실망감과 포기가 생겨났다. 그런데 "그 자식이 (후계자로) 추대되면 생활이 더 나빠지는 게 아닐까."라며 음지에서 불안해하는 사람도 있다는 것이다.(정부에 대한 비판을 공식적으로 하면 엄벌에 처해지므로 어디까지나 친한 사람끼리의 험담 수준이지만, 최근 북한에서는 음지에서 정부에 대한 불만을 토로하는 사람들이 적지 않다.)

이렇듯 북한 주민의 '충성심'의 저하는, 배급제도가 사실상 붕괴되고, 생활을 시장에 의존하는 경향이 강화되고 있다는 것이 그 배경에 있다. '충성심'의 저하는 당국의 통제력의 약화로 이어진다. 거기에 덧붙여 출구가 보이지 않는 심각한 경제의 혼미 상태, 핵문제를 둘러싼 국제적 고립이 계속되는 가운데 권력 승계에는 불확실한 요소가 따라다닌다. 후계자는 권력 기반의 불안정함 때문에 핵 포기 등의 유연한 정책을 수립하기 어렵기 때문에 대외 강경책으로 내달릴 가능성도 배제하기 힘들다.

김정은이 권력을 계승하게 되면 후지모토 씨가 호소하고 있듯이 인권과 법을 존중하고 국제 사회와 공조해 나가는 나라로 거듭날 수 있을 것인가? 앞날이 너무나도 불투명하다.

'김정은 연구'의 가장 정확하고
객관적인 자료들

김근식

북한 연구자에게 연구 대상 북한은 참 곤혹스럽고 어렵다. 북한 연구도 지역 연구의 영역이라면 응당 그 지역을 자유롭게 방문하고 자료를 쉽게 접해야 한다. 그러나 현실은 전혀 그렇지 못하다. 연구 대상인 북한을 방문해서 가고 싶은 곳, 보고 싶은 곳 그리고 만나고 싶은 사람을 연구자 뜻대로 하기는 힘들다. 방문 자체가 힘들 뿐 아니라 어렵사리 방북한다 해도 그들이 안내하는 일정과 장소에 따라야 한다. 연구 대상에 대한 접근 제한성이 바로 북한 연구의 가장 큰 어려움이다.

가기 힘들면 자료라도 쉽고 편하게 접할 수 있어야 하는데 북한은 이 역시 어렵기만 하다. 북한이 발간하는 공식 책자와 저널, 신문과

김근식
서울대 정치학과를 졸업하고 서울대 정치학 박사 과정을 마쳤다. 2007년 남북정상회담 특별수행원, 경실련 통일협회 정책위원장과 청와대, 통일부, 국방부 자문위원을 역임했다. 현재 경남대 정치외교학과 교수이자 통일부 남북관계발전위원이다.

잡지를 구하는 것은 하늘의 별따기거나, 구하더라도 발간 이후 한참이 지난 뒤에야 가능하다. 연구대상과 관련한 1차 자료의 접근성 제한 역시 북한 연구의 중요한 장애이다.

여기에 더하여 북한 연구의 또 다른 어려움은 분단 체제하에서 남쪽에 살고 있는 지식인의 '존재 피구속성'에 관한 것이다. 아무리 객관적이고 중립적인 입장을 취하고 분석을 한다고 해도 적대와 대결의 반세기, 화해와 협력의 10여 년을 지낸 한반도 분단 상황의 역사성은 남쪽 지식인으로 하여금 불가불 북한 연구의 자의성과 편파성 논란으로 끌어들이게 된다.

필자 역시 접근의 제한성과 자료의 제한성 그리고 존재 피구속성의 장애들을, 언제나 확실하게 뛰어넘었다고 장담하기 힘든 게 사실이다. 그만큼 북한 연구는 여건과 환경이 어렵고 불확실한 것이다.

김정은에 대한 최초의 값진 정보

최근 후계자로 공식화된 김정은에 대해서도 북한 연구의 한계는 그대로 적용된다. 아니 오히려 더더욱 후계자 김정은에 관해서는 연구의 시작조차 할 수 없을 정도로 척박한 연구 여건을 맞고 있다. 사실 김정은의 이름이 김정운이 아님을 안 것도 얼마 전 일이다. 한자 이름을 확인한 것 역시 극히 최근 일이다. 북한의 후계자로 공식 내정된 김정은의 정확한 생년월일을 아는 것도 한국의 정보당국의 주요한 과제 중 하나다. 심지어 김정은의 최근 사진을 입수하기 위해 전 세계 언론이 호들갑을 떤 것도, 어제 오늘의 일이 아니었다. 죄 없는 한국인 청년이 어느 날 김정은으로 둔갑하기도 했고, 북한 기업소의 기사장 얼굴이 난데없이 김정은으로 주장되기도 했다. 그야말로 김정은의 이름과 나이, 얼굴과 성장 과정에 대해 우리는 정확히 아는 바가 너무도 없다.

북한 연구의 척박함을 전제한다 하더라도 향후 북한 체제를 이끌어갈 후계자에 대해 가장 기초적인 신상 자료마저 확인하기 힘들다면 북한 연구는 시작조차 하기 힘들다. 특히 북한을 연구하는 전문가와 지식인들이 김정은 신상 파악을 넘어 결국에는 그의 정치적 성향, 향후 정책 노선과 방향을 정확히 진단하고 우리의 올바른 대응을 고민해야 할 것이고 보면, 지금 김정은에 대한 1차 자료의 확보는 대단히 중요한 일이고 시급한 일이 아닐 수 없다.

바로 이즈음에 '김정일의 요리사'로 유명한 후지모토 겐지 씨의 『북한의 후계자 왜 김정은인가?』가 발간된 것은 그래서 가뭄의 단비 같은 소식이다. 이미 『김정일의 요리사』라는 책을 통해 북한의 통치자 김정일의 사생활과 성격을 가장 정확히 전달했고 로열 패밀리에 대한 자세한 이야기를 여과 없이 공개한 그가, 지금 시기에 후계자 김정은에 초점을 맞춰 새로운 사실과 경험을 객관적이고 흥미롭게 정리한 것이기에 더더욱 반가운 일이 아닐 수 없다.

특히 북한 후계자와 관련된 다양한 추측과 예측이 난무하던 때부터 아들 중에 후계자를 고른다면 김정철이 아니라 김정은일 것이라고 일관되게 주장했던 점을 미뤄 보면 그의 분석력은 적어도 입증된 셈이다. 적지 않은 학자들이 김정남과 김정철을 지목했고 이러저러

한 근거와 이유를 들어 주장을 입증하려 했지만 북한은 김정은을 낙점했다. 부족한 정보 하에서 누가 후계자가 될 것임을 예측하는 것이 그만큼 어려운 일이었음을 감안하면, 후지모토 씨가 이를 시종일관 정확히 맞췄음은, 그의 주장의 신빙성을 확인할 만한 일이다.

이제 그가 가까이서 직접 경험한 것을 토대로 김정은의 성격과 행동 그리고 성장 과정과 에피소드 등을 소상히 기술하고 있기에, 이 책은 김정은에 관한 확실한 최초의 1차 자료임을 인정할 수밖에 없다. 갑자기 공식화된 북의 후계자 김정은에 대해 최소한의 1차적 신상 자료마저 불비한 지금의 현실에서 그를 직접 만나고 대화하고 인간적 교류를 수년 동안 지속했던 후지모토 씨의 이 책은, 사실 외부에서 발간된 김정은에 관한 최초의 1차 자료라고 해도 무방하다.

여과되지 않은 김정은 모습 그려

필자도 2007년 2차 남북 정상회담 당시 특별 수행원 자격으로 방북해서 김정일 위원장을 직접 만나 오찬을 함께한 경험만으로도 사실 북한의 오랜 통치자 김정일 위원장에 대해 새로운 경험과 느낌을 가지기에 충분했다. 문헌과 자료를 통해 김정일 위원장의 노선과 정책 그리고 정치적 성향과 파워 엘리트 등을 추적하고 정리할 수 있지만, 그를 직접 만나는 것과는 분명 다른 그 무엇이 있음을 알 수 있었다. 그런 점에서 후지모토 씨의 『북한의 후계자 왜 김정은인가?』는 북한 연구자뿐 아니라 김정은을 궁금해하는 많은 독자들에게 김정은을 정확히 이해할 수 있는 귀중한 자료와 정보를 제공하고 있다.

물론 일정 시기가 지나면 북에서도 김정은에 대한 여러 책자를 간행할 것이다. 후계자로 공식 확정되고 후계 체제의 공고화 과정에 진입하면 김정은의 위대함과 비범함을 소개하는 내용이 주를 이룰 책자가 나올 것이다. 북한에서 발간될 이들 책자가 북한 연구와 김정은 연구에 소중한 1차 자료가 될 것이 분명하지만, 그것은 북한의 또 다른 '존재 피구속성'에 의해 객관성이 적잖이 훼손될 가능성을 배제할 수 없다. 따라서 후지모토 씨의 이 책이야말로 가장 가까이서 직접 겪은 인간 김정은의 많은 부분을 여과없이 전달하면서 동시에 정치적 필요에 의해 침소봉대하지 않고 있는 그대로의 김정은 모습을 적고 있기 때문에 북한 바깥에서 발간됨에도 불구하고 사실상 정확하고 객관적인 1차 자료라 단언할 수 있을 것이다.

물론 후지모토 씨의 한계 역시 존재한다. 북한의 역사와 북한 체제의 구조적 측면에 대한 전문성이 미흡한 데서 오는 흥미 위주의 단편적 사실의 나열에 그치고 있을 수 있기 때문이다. 필자를 포함한 북한 연구자들은 김정은의 궁금증을 푸는 데서 머물지 않고 그의 정치적 입장과 노선, 향후 김정은 후계 체제의 정책 방향 그리고 그를 둘러싼 파워 엘리트와 권력 관계의 변동 가능성 등을 종합적으로 면밀히 분석해야 한다. 단순한 '김정은 알기'를 넘어 김정은 후계 체제의 정책과 노선 및 향후 남북 관계와 북한의 미래까지를 전망해야 한다. 이 책이 거기까지는 답을 줄 수 없는 게 분명하다. 그러나 그 지점은 바로 필자를 포함한 연구자와 전문가들의 몫이고 오히려 이를 위해 반드시 숙독해야 할 필수 교과서가 이 책임은 아무도 부인할 수 없다. 다시 한 번 북한의 후계자 김정은에 관한 아주 소중한 1차 자료가 발간되었음을 축하한다. 그리고 이를 계기로 한국의 안과 밖에서 후계자 김정은 연구의 봇물이 터지길 기대해 본다.

일러두기

이 책 제3장에 실린 원고는, 저자인 후지모토 겐지가 일본에서 출간한 『김정일의 사생활』(2004, 扶桑社)을 발췌 요약한 것이며, '후지모토 스토리'의 원고는 『김정일의 요리사』(2003, 扶桑社)를 바탕으로 발췌 요약해 쓴 것임을 밝힌다.

또한 이 책에는 새롭고, 우리가 접해 보지 못한 흥미로운 사진들이 많이 실려 있다. 대부분의 것들은 후지모토 씨가 북한에서 생활하며 찍은 귀한 사진들이고, 최근의 김정은 사진들은 〈AFP〉와 〈연합뉴스〉에서 제공받은 것들이다.

북한의 후계자

왜

김정은인가?

지은이 | 후지모토 겐지
옮긴이 | 한유희
사진 | 후지모토 겐지, 연합통신, AFP

초판 1쇄 발행 | 2010년 12월 6일

펴낸이 | 신난향
펴낸곳 | 맥스미디어
출판등록 | 2004년 3월 17일(제2-3955호)
주소 | 서울특별시 서초구 양재동 275-1 삼호물산 빌딩 A동 4층
전화 | 02-589-5133 (대표전화)
팩시밀리 | 02-589-5088
홈페이지 | www.maksmedia.co.kr

기획 | 임소현
편집 | 김원숙, 소지희
디자인 | 손현주, 최다미
영업 · 마케팅 | 김찬우
경영지원팀 | 장주열, 박선영

ISBN 978-89-91976-25-2 03340
값 15,000원
＊잘못된 책은 바꾸어 드립니다.